바로간다
대한항공

바로간다 대한항공

초판 1쇄 발행 | 2015년 9월 1일

지 은 이 | 김민지, 이재호
발 행 인 | 김영희
기   획 | 신현숙, 하순영
마 케 팅 | 권두리
편   집 | 최은정, 변호이, 박지혜, 김민지
디 자 인 | 한동귀, 문강건, 박성민, 이현주
발 행 처 | (주)에프케이아이미디어(프리이코노미북스)
등록번호 | 13-860호
주   소 | 150-881 서울특별시 영등포구 여의대로 24 FKI타워 44층
전   화 | 출판콘텐츠팀 | 02-3771-0435 영업팀 | 02-3771-0245
홈페이지 | www.fkimedia.co.kr
팩   스 | 02-3771-0138
E - mail | rommi10@fkimedia.co.kr
I S B N | 978-89-6374-120-8 13320
정   가 | 1만 1,000원

◈ 낙장 및 파본 도서는 바꿔 드립니다.
◈ 이 책 내용의 전부 또는 일부를 재사용하려면 반드시 FKI미디어의 동의를 받아야 합니다.
◈ 내일을 지키는 책 FKI미디어는 독자 여러분의 원고를 기다립니다. 책을 엮기 원하는 아이디어가 있으면
  hsshin@fkimedia.co.kr로 간략한 개요와 취지를 연락처와 같이 보내주십시오.

이 도서의 국립중앙도서관 출판예정도서목록(CIP)은 서지정보유통지원시스템 홈페이지(http://seoji.nl.go.kr)와 국가자료공동목록시스템(http://www.nl.go.kr/kolisnet)에서 이용하실 수 있습니다. (CIP제어번호 : CIP2015021030)

바로 간다

베스트 애널리스트의 분석과
취업멘토 교수의 가이드

대한항공

김민지·이재호 지음

프리이코노미북스

취업에 왕도는 없지만 바른 길은 있다

사실 취업 준비에 왕도王道가 있을까 싶습니다. 준비한 내용은 같아도 면접관의 성향이나 기호에 따라 그리고 지원자의 당일 컨디션에 따라 당락의 결과가 달라지기도 하는 것이 취업이기 때문입니다. 하지만 면접과정이 다면화·다층화될수록 이런 운運의 요소는 점점 희박해지게 됩니다. 최근 주요 대기업들은 선발의 변별력을 높이기 위해 인·적성 테스트 도입은 물론 자소서를 직무에세이 형식으로, 면접을 합숙 형태의 집합면접으로 전환하였습니다. 여러분도 당연히 이런 채용 프로세스가 탈脫스펙을 위한 것임을 잘 알고 계실 겁니다. 하지만 탈스펙을 위해서 무엇이 가장 필요한지에 대한 인식은 부족한 것 같습니다. 사진, 어학점수, 자격증, 수상 경력, 교환학생 경험 등과 같은 것을 안 본다면 과연 무엇으로 지원자의 역량을 평가할 수 있다고 생각하시는지요?

결국 서면書面과 대면對面 과정에서 지원자의 간절함과 준비 상태로 판단할 수밖에 없습니다. 간절함이란 먼 길을 함께 가도 좋겠다는 확신을 주는 것이고, 준비 상태란 희망 회사에 지원하기 위해 구체적으로 얼마나 많은 고민과 탐구활동을 했는가에 의해서 결정됩니다. 그래서 집합면접장에 들어가면 상황 케이스를 주고 전략이나 아이디어를 도출해보라는 질문이 빈번하게 출제됩니다. 사실 전문가도 이런 질문을 제한된 짧은 시간에 소화하기 어렵습니다. 해법은 면접관이 무엇을 기대하는지를 간파하는 데 있습니다. 입사를 위해 많은 고민을 해봤다면 그래도 '나름의 답을 하지 않을까'라는 면접관의 기대를 충족시키는 것 말입니다.

그래서 취업을 제대로 준비하기 위해서는 기업에 대한 이해가 전제되어야 합니다. 시간에 쫓기다 보면 기업분석의 필요성은 인정하지만 엄두가 나질 않는다는 생각이 드실 겁니다. '급할수록 돌아가라'는 속담이 있습니다. 급하면 무엇을 해도 몰입할 수 없다는 의미일 것입니다.

본 기업분석 시리즈는 취업 포털의 채용 공고문을 확인하는 순간부터 시작해도 전혀 무방합니다. 서류 심사에서 최종 면접까지 1개월에서 2개월의 기간 동안 본서를 활용하는 것에 시간적 부족함을 느끼지 않을 것입니다. 1장 산업 파트만 읽어도 기업을 분석하는 것에 대한 막연함에서 벗어날 수 있습니다. '멘토의 팁'과 '관련 자료 찾아보기' 코너를 곁들인 이유가 바로 여기에 있습니다. 애널리스트의 친절한 설명과 멘토의 가이드를 따라가다 보면 어느새 회사를 보는 안목이 생기는 것을 깨닫게 될 겁니다. 면접관이 무엇을 중요하게 생각하는지 알게 되므로, 자소서에 어떤 소재를 활용해야 할지 면접에서 어떤 부분을 언급하고 강조해야 할지 자연스럽게 알게 됩니다. 왕도는 없다고 했지만 바른 길은 있습니다. 바로 가는 취업을 원한다면 지금 바로 첫 페이지를 펼쳐보시기 바랍니다.

전 세계를 아우르는 아시아 대표, 대한항공에 지원하려면…

세계적으로 항공산업은 그 국가의 위상을 대변해주는 역할을 한다. 대한항공은 1969년, 구형 프로펠러기 8대를 기반으로 아시아의 작은 지역 항공사로 첫발을 내디뎠다. 이후 46년이 흐른 현재는 세계의 항공업체들과 어깨를 나란히 하는 글로벌기업으로 성장하였다.

대한항공이 영위하는 산업은 크게 항공운송산업과 항공우주산업 두 가지로 나뉜다. 먼저 항공운송산업은 국가와 국가를 잇는 사회문화교류의 교량 역할을 하며, 항공우주산업은 국가의 기술 수준과 산업 역량을 융복합하는 시스템산업으로 미래 첨단기술의 주력 산업으로 불린다.

대한항공은 여객과 화물을 운송하는 항공운송사업에서 세계 45개국에 150개 지점을 두고 125개 도시를 취항하는 노선망을 갖추어 세계적인 규모를 자랑한다. 항공기 및 부품을 제작하는 항공우주사업에서는 에어버스, 보잉과 같은 세계적인 항공기업체에 부품을 납품하고 글로벌 항공사의 항공기를 정비하는 독자적인 기술력을 보유하고 있다. 여기에 그치지 않고 항공운송사업에서 2019년까지 매출 25조 원과 세계 10대 항공사에 진입하는 것을 목표로 하고 있으며, 항공우주사업에서는 2020년 매출 3조 달성을 목표로 힘찬 날갯짓을 하고 있다.

대한항공은 목표 달성을 위해 보다 적극적인 노선 개발을 통한 신시장 개척 및 글로벌 네트워크 강화를 꾀하고 있으며, 기술 특화 및 무결함 품질을 전략으로 삼고 있다. 대한항공이 선호하는 인재는 이러한 목표와 전략에 맞게 **진취적인 성향과 국제적인 감각으로 새로운 가치창출을 할 수 있는 사람**이다.

또한 항공산업은 다양한 업무가 연계되는 특성을 가진 종합산업이므로 관련된 여러 부서와 직원들 간의 유기적인 협력이 필요하다. 우리가 익숙하게 접하는 승무원과 같은 서비스업뿐만 아니라 항공교통을 관리하는 관제업과 운항관리업, 항공기술 및 전산업과 전기와 기계, 건축을 담당하는 시설업 등 다양한 업무들이 유기적으로 결합되어 있고, 이것들이 하나의 패키지로 작용해야 고객을 만족시킬 수 있는 산업이다. 따라서 **고객에게 감동을 줄 수 있는 서비스 정신과 긍정적인 대인관계를 유지할 수 있는 친화력이 풍부한 사람**이 필요하다.

대한항공은 다양한 업무 연계가 가능하고 해외업무 기회가 풍부한 매력적인 직장이다. 밖으로는 세계 항공산업을 선도하고 안으로는 자기계발의 기회를 통해 성장할 수 있는 대한항공에서 여러분의 꿈도 함께 키워나가길 바란다.

목차

- 이 책을 읽기 전에
1_취업에 왕도는 없지만 바른 길은 있다(이재호)
2_전 세계를 아우르는 아시아 대표, 대한항공에 지원하려면…(김민지)

- 한눈에 본다, 대한항공

CHAPTER 01　산업: 대한항공을 이끄는 양 날개

01 리스크를 이겨낸 항공운송산업

다양한 외부 변수에 노출되는 항공운송 _019
세계인의 운송수단이 된 항공기 _027
제2의 전성기를 맞이한 항공운송 _042

멘토의 팁 » 유가와 환율의 영향 이해하기
　　　 » 매출 변동성에 대응하기
　　　 » 재무구조의 특성 파악하기
　　　 » 여객 및 화물수요 파악하기
　　　 » 항공사 표현 일상화하기
　　　 » 항공산업 주요 수치 챙기기
　　　 » 스카이팀 항공사 숙지하기
　　　 » 항공시장 분석 능력 키우기
　　　 » 지리적 감각 키우기

관련 자료 » 검색 키워드, '항공업계 환율 영향'
　　　 » 대한항공 홈페이지, 〈지속가능성 보고서〉
　　　 » 한국기업평가, 〈항공사 손익 변동성과 이벤트 리스크〉
　　　 » 한국항공진흥협회, 〈국제공항협회 수요 예측〉
　　　 » 검색 키워드, '항공화물 품목'
　　　 » 검색 키워드, '대한항공 제휴 마케팅'
　　　 » 검색 키워드, 국제항공수송협회 'Publications 섹션'

02 고부가가치를 창출하는 항공우주산업

첨단기술의 집약체 시스템종합산업 _045
독과점 체제가 형성된 항공우주산업 _047
지속적으로 증가하는 항공기 수주량 _052

멘토의 팁 » 항공우주산업의 현황 파악하기
　　　　 » 한국항공우주의 연혁 알아보기

관련 자료 » 검색 키워드, '항공우주사업본부'
　　　　 » 검색 키워드, '항공정비산업'

CHAPTER 02 　시장: 국내 항공시장을 이끄는 대한항공

01 항공 역사를 새로 쓴 대한항공

아시아의 대표가 된 국내 항공 _056
역대 최대 실적을 달성한 국내 항공화물 _058
항공시장 성장에 기여한 대한항공 _060

멘토의 팁 » 위협 요인 파악하기
　　　　 » 저가항공 대응 전략 세우기

관련 자료 » 검색 키워드, '비행 탑승', '비행 환승'
　　　　 » 검색 키워드, '저가항공사 노선 및 가격 전략'

02 생산·개발 선진화를 위한 노력

국내 항공기 생산 시장의 미약한 발전 _063
항공기 생산에 박차를 가하는 대한항공 _065
매출 비중이 낮은 항공우주사업 _067

멘토의 팁 » 매출액에 담긴 메시지 해석하기

CHAPTER 03 경영 이슈: 변화와 혁신을 대비하는 업계 선두 기업

01 항공 선진국을 향한 발판, 규제 완화

미국의 항공 규제 완화와 시장 확대 _073
유럽의 항공자유화와 단일 항공시장 _075
규제 완화, 이제 아시아 차례 _076

멘토의 팁 » 페덱스 전략의 시사점 파악하기
» 중국 항공시장 자유화 이해하기

관련 자료 » 검색 키워드, '페덱스 전략'
» 검색 키워드, '항공시장 자유화'

02 항공사 인수합병, 그리고 제휴

미국 국내선 시장을 점령한 인수합병 _081
항공사 간의 동맹, 합작사 설립 _084
활발해진 글로벌 항공사의 동맹 체제 _089

멘토의 팁 » 미국 항공업의 스토리 이해하기
» 제휴 프로그램 이해 넓히기
» 합작과 동맹 살펴보기

관련 자료 » 검색 키워드, '미국 항공산업 역사'
» 검색 키워드, '항공사 글로벌 제휴'
» 이베스트 증권, 〈항공산업 분석보고서〉

03 글로벌 시장에 닥친 저가항공의 돌풍

시장 속으로 빠르게 침투하는 저가항공 _092
비약적인 성장을 지속하는 국내 저가항공 _094
달라지는 여행 소비 트렌드에 따른 항공사업 변화 _097

멘토의 팁 » 부가사업 진출 과정 알아보기
» 수익창출 구조 파악하기
» 저가항공사 대응 전략 생각하기

관련 자료 » 검색 키워드, '항공사 재무 안정성'
» 검색 키워드, '저가항공사 전략'
» 검색 키워드, '저가브랜드 대응 전략'

CHAPTER 04 경영 요소: 고객 니즈에 맞춘 최상의 운영 체제

01 여객운송사업: 제휴를 통한 수익성 강화 _104

02 화물운송사업: 수익성 중심의 전략 _109

03 항공우주사업: 항공기 생산 강화와 무인기 개발

항공기 주문량 급증과 사업 전망 _112

무인기 시대가 다가온다 _114

항공산업 육성 계획에 따른 정부의 지원 _120

04 재무구조: 흐름으로 이해하는 밸류에이션

불규칙한 순이익 흐름, 이유는 무엇일까? _123

멘토의 팁 » 유럽과 미주 노선 전략 파악하기
» 재무구조 내용과 특징 숙지하기

관련 자료 » 검색 키워드, '노선 경쟁력'
» 금감원, 〈대한항공 연차보고서〉

CHAPTER 05 문화: 더 높은 곳으로 비상하는 대한항공

01 대한항공의 과거와 현재 _132

02 서비스 정신으로 뭉친 조직 활동

기술직 _138

객실승무직 _140

일반직 _141

운항승무직 _143

멘토의 팁 » 조중훈 선대회장의 경영철학 알기

관련 자료 » 검색 키워드, '조중훈 경영철학'
» 검색 키워드, '기내면세점 운영'

한눈에 본다, 대한항공

항공기는 항공사의 모든 것이다. 해외교류가 드물었던 1970년대 태극마크가 그려진 국적기는 국력의 표상이었다. 해외 동포들에게 조국을 느끼게 해주는 매개체이기도 했다. 출범 당시의 모습은 초라했다. 하지만 46년이 지난 지금, 여객기 125대, 화물기 28대를 보유하면서 괄목할 만한 성과를 이루어냈다.

1969

YS-11, 경영개선과 기종 현대화

민영화 직후 과감한 추진으로 총 8대의 신형기를 도입했다.
이 항공기는 60석급으로 8년간 7대가 운영됐다.

1969

B720, 창립 후 최초 도입 제트 여객기

제트시대의 막을 열었던 항공기다. 공급좌석 130석, 비행속도 시속
763킬로미터, 항속거리 3,500킬로미터로 1976년까지 총 2대가 운영되었다.

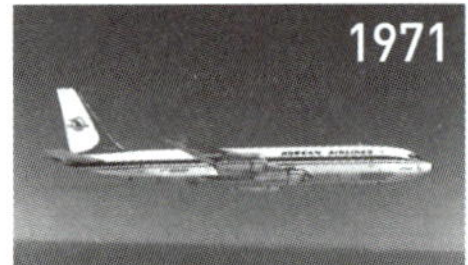

1971

B707, 민영화 2년 만에 태평양횡단 노선으로 투입

장거리는 물론 중단거리 운항에도 융통성이 있어 성능면에서 높이 평가되었고
안전도도 세계적으로 인정받았다.
1989년까지 총 4대가 운영되었다.

1972

B727, DC-9의 대체 목적으로 도입

국내 간선, 한국-일본, 한국-홍콩, 일본을 경유하여 동남아로 뻗는 주력기였다.
몽골에 1대를 무상으로 기증하여 교류 및 항공발전에 기여했으며
23년 동안 12대가 운영되었다.

1973

B747-200, 시대적 요구에 맞는 대형기 등장

최대 이륙 중량 377톤, 길이 70m의 빌딩 6층 높이로 나는 궁전,
하늘의 맨션 등으로 불렸고 점보기라는 애칭으로 널리 알려졌다.
공해가 적고 경제성이 높다.

1975

DC-10, 장거리 국제선용 도입

호놀룰루 직행 노선에 적합한 3발 엔진의 항공기이다.
좌석 270, 시속 마하 0.82, 항속거리 약 7,500킬로미터로
20년 동안 운영되었다.

1975

A300, 유럽 4개국이 개발한 최초의 다국적 기종

프랑스, 영국, 독일, 스페인 개발.
성능 파악이 안 되었던 에어버스를 사들인 대한항공 덕분에 타 항공사들의
구매의욕을 촉진시켜 국가적 교류에도 힘을 보태게 되었다.

A300-600, 서울올림픽 위해 도입

국제 경쟁력 강화 차원.
연료절감효과가 뛰어나며 중거리 노선에서는 최초로 영화 상영 시설을
갖추었고 2013년까지 운영되었다.

B747-400, 제4세대 최후의 민항기

최첨단 항공기로 서울-도쿄-로스앤젤레스 구간에 처음으로 투입되었고
현재 국제선 주력기로 여객기와 화물기 총 30대가 운영되고 있다.

A330-200/300, 21세기를 향한 최첨단 여객기

보잉사와 함께 민간항공기 시장을 양분한 에어버스사가 21세기를
겨냥해 개발한 최첨단 여객기로 250~350인승 항공기 분야에서
세계 시장을 주도하고 있는 기종이다.

B777-200/300, 기종 현대화 계획 착수

최대 항속거리 약 14,000킬로미터에 301석의 좌석을 갖춘 중대형 여객기다.
현재 총 40대가 운영 중이며 항공기에 코스모스위트, 프레스티지 슬리퍼가
장착되어 있다.

B737-800/900, 세계적인 인기 항공기

현재 총 39대를 운영 중이다. 최근 성능개선을 통해 단거리 노선과
중거리 노선을 모두 소화하는 기종으로서 대형항공사는 물론이고
저가항공사들에게도 인기를 얻고 있다.

A380, 세계 최대 여객기

항공기 전체가 복층으로 이루어져 있다.
총 407석으로 승객에게 여유로운 공간을 제공하며 2층 전체가
비즈니스석으로 구성되어 있다. 총 10대의 항공기를 운항 중이다.

CS300, 신규 시장 개척을 위하여

캐나다 봄 바디어사 제작으로 연료 효율이 뛰어나며 소음과
이산화탄소 배출을 크게 줄인 120~145석 규모의 소형 항공기이다.
총 10대를 도입할 예정으로 중단거리 노선의 신규 시장을 개척할 방침이다.

B787, 보잉사의 차세대 '꿈의 여객기'

대한항공이 제작에 참여하고 있는 여객기로 미국 보잉사가 개발한 최첨단
항공기다. 오는 2016년부터 순차적으로 총 10대를 도입할 예정으로 좌석
250~290, 운항거리는 약 15,750킬로미터이다.

구분	계	일반직	기술직	운항승무직	객실승무직	기타
인원수	20,750	6,350	5,172	2,361	6,482	385

* 2015년 6월 말 재직자 기준

대한항공에서 말하는 채용 포인트

KALMAN직군 : 일반직·기술직·운항승무직·객실승무직·전산직·시설직

인재상

대한항공은 일반직, 기술직, 객실승무직 등 다양한 직종에 대한 채용을 진행하고 있다. 공채 진행 시 각 직종별 공개 서류전형과 3차례의 면접전형, 신체검사 등의 과정을 거치고 있으며 기본적으로 대한항공의 모든 채용 전형은 진취적 성향, 국제적 감각, 서비스 정신과 예절, 성실한 조직인 및 Team Player라는 다섯 가지 인재상에 부합하는 사람을 찾는 데 주안점을 두고 있다.

채용 프로세스 특이점

대한항공은 과거 외형적 기준을 중시하던 채용문화에서 탈피하여 유능한 인재가 아닌, 조직에 가장 적합한 인재를 선발하기 위한 채용 프로세스를 강화해나가고 있다. 이를 위해 조직 적합성을 확인할 수 있는 면접전형의 비중을 높이고 있으며, 지원자 개개인을 보다 심층적으로 파악할 수 있는 다각도 전형을 진행할 예정이다. 또한, 단순 스펙에 의한 평가를 지양하고 실제로 사람을 직접 대면하여 판단할 수 있도록 가능한 많은 지원자에게 면접 기회를 부여하고 있다.

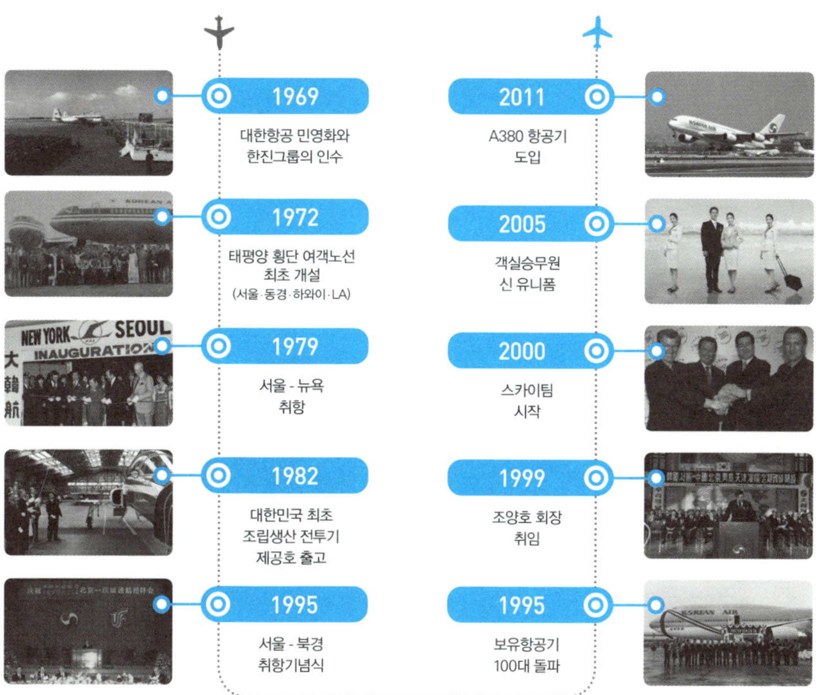

스카이팀 회원사

혁신적인 마인드와 탁월한 사업 감각을 지닌 조양호 회장이 최고 경영직을 맡은 후 선친인 조중훈 회장의 사업 철학과 방식을 이어 항공시장을 선도해나갔다. 2000년에는 조양호 회장의 주도로 아에로멕시코, 에어프랑스, 델타항공 등 유수의 항공사와 함께 세계적인 항공동맹체 스카이팀SkyTeam을 창설하였다. 현재 스카이팀의 회원사는 20개이며 3,054대의 항공기를 보유 중이다.

KOREAN AIR

산업:
대한항공을
이끄는 양 날개

대한항공은 항공운송산업과 항공우주산업 두 분야에 모두 해당하는 사업을 영위하고 있습니다. 항공운송사업은 여객과 화물 운송사업, 항공우주산업은 항공기정비와 항공기부품제조 사업 등으로 구성되어 있습니다. 국내외 항공운송과 항공우주산업에 대해 알아보고 다른 사업보다 진입 장벽이 높은 항공업을 대한항공이 어떻게 성장시켜 왔는지 그 과정을 살펴보도록 합시다.

01

리스크를 이겨낸
항공운송산업

항공산업은 항공운송산업과 항공우주산업으로 나누어볼 수 있다.

우선 항공운송산업은 일반적으로 항공기를 사용하여 유상有償으로 여객이나 화물을 운송하는 서비스업을 말한다. 반면 항공우주산업은 항공기, 우주비행체, 관련 부속 기기류 또는 관련 소재류를 제작, 가공, 생산, 개조 및 수리하는 항공기 개발 및 모든 생산 활동으로 항공운송산업보다는 기술집약적인 고부가가치 산업이다.

대한항공은 항공운송산업과 항공우주산업 두 분야에 모두 해당하는 사업을 영위하고 있다. 항공운송사업은 여객과 화물의 운송사업, 그리고 그와 관련된 부가사업(기내 면세, 기내식 등)이며, 항공우주산업은 항공기 정비사업, 항공기 부품제조사업 등으로 구성되어 있다.

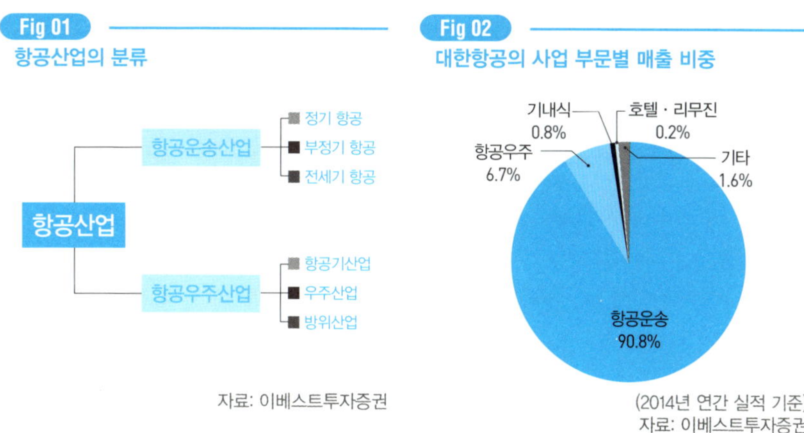

다양한 외부 변수에 노출되는 항공운송

a. 경제 환경에 민감

항공운송산업의 특징 중 하나는 경기 상황에 비교적 큰 영향을 받는다는 점이다. 이는 항공수요가 중간재(소비재나 생산재를 생산하는 과정에서 쓰이는 원료나 부속품과 같이 중간에 소요되는 재화) 성격인 탓에, 타 운송수단 대비 운임이 상대적으로 높아 가격에 대한 민감도가 높기 때문이다. 더불어 경제위기 및 테러, 항공 사고, 질병 확산 등 외부 요인에 따라 민감하게 반응한다. 이는 큰 폭의 단기적 운송수요의 위축이라는 결과로 나타난다.

항공산업에 영향을 미치는 또 다른 외부 변수로는 유가, 환율, 금리 등을 들 수 있는데, 이는 원가에서 연료비 비중(보통 30~40%)이 높고, 대규모 장치산업의 특성 탓에 외화 부채 규모가 크기 때문이다. 물론 유류할증료라는 제도가 있지만 유류비 전체를 커버할 수는 없고, 유류할증료 인상은 수요 감소를 유발할 수 있어 고유가 추세가 장기화될 경우 수익성 악화는 불가피하다.

경제 충격에 따른 세계 여객운송시장의 수요 추이

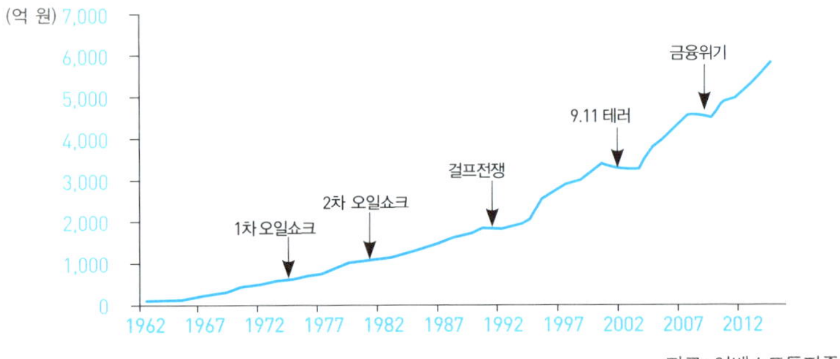

자료: 이베스트투자증권

경제성장률과 여객 및 화물수요성장률 추이

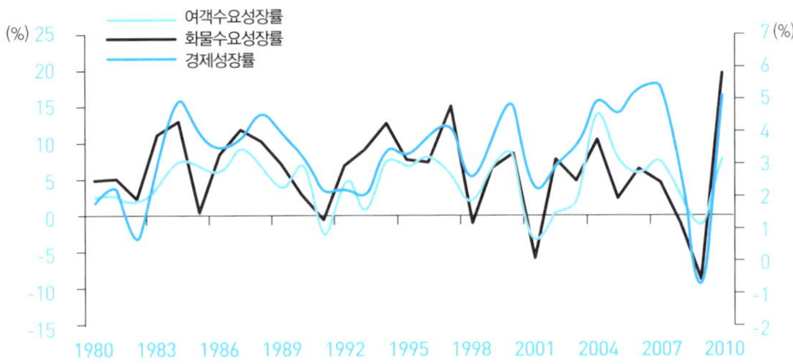

자료: IMF, ICAO

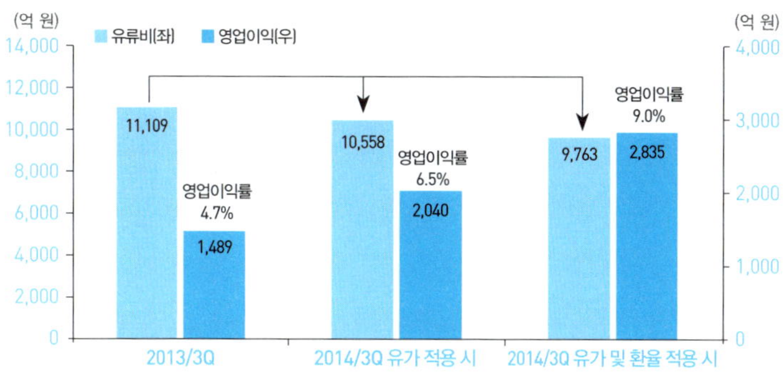

주: 2013년 3분기 실적을 기반으로 2014년 3분기 환율과 유가 데이터 적용. 단, 매출에 환율 변화 적용하지 않음
자료: 대한항공, Bloomberg

멘토의 Tip ① 유가와 환율의 영향 이해하기

환율보다는 유가 변동이 수익성에 더 큰 영향을 준다는 점을 함께 이해합시다.

일반적으로 대한항공의 경우 항공유 가격이 떨어질수록, 그리고 원화 가치가 강세(원/달러 환율 하락)를 보일수록 수익에 유리합니다. 다만, 유가하락기에는 대체적으로 달러 가치가 상승(원/달러 환율 상승)하는 모습이 많았기 때문에 유가의 상승기 혹은 하락기라고 할 때 달러화 가치의 움직임도 함께 고려해야 한다는 점을 시사하고 있습니다. 참고로 대한항공의 경우 매출의 50%가 달러화로 결제되고 있으며, 비용의 30~40%를 차지하는 유류비 역시 달러로 결제됩니다. 유가가 10% 하락하면 비용이 3% 개선되지만, 원/달러 환율 하락은 달러 매출 부분이 비용 절감 효과를 상쇄하는 구조입니다. 따라서 환율보다는 유가 변동이 영업이익에 더 큰 영향을 준다고 하겠습니다.

b. 높은 매출 변동성

항공산업 중 항공우주산업의 경우 매출변동성이 크지 않은 반면, 항공운송산업은 상대적으로 높은 계절성을 보여준다. 이는 항공운송산업이 파생수요이기 때문이다.

주요 생산품이 여객 수송인 항공여객운송산업의 경우, 비행기 탑승이 여행의 목적이 아니라 여행객들이 목적지에서 여행 계획을 수행하기 위하여 장소를 이동하는 수단이다. 따라서 여객수요 예측을 위해서는 항공여행에 소요되는 다른 활동(호텔, 여행업, 여행알선업, 자동차 렌트업 등)들도 예측을 해야 한다. 반면 화물을 수송하는 항공화물운송사업은 화물을 수출·수입하는 기업들의 활동과 연계된다.

이에 따라 항공운송산업은 성수기와 비수기 사이의 수요 차이가 심하다. 항공여객운송사업의 경우, 관광수요가 7~8월 등 휴가철에 집중되어 방학 및 휴가 시즌인 3분기가 성수기이며, 각종 세일 및 소비 이벤트(크리스마스, 연말 및 연초 선물) 시즌인 4분기는 항공화물운송사업의 성수기이다. 이에 따라 항공사 매출액은 분기별로 차이가 나타나는데 대부분의 항공사들은 항공여객운송사업 비중(대한항공의 경우 60%)이 커서 3분기의 매출액이 가장 크다.

　운송산업의 특성상, 항공 상품은 서비스의 고유한 특성 중 하나인 소멸성Perichability 즉, 현재 판매되지 않으면 추후 판매를 위해 저장할 수 없는 단점이 있다. 재고를 가져갈 수 없으므로 항공사는 탑승률Load Factor을 높이고 수익관리Yield Management를 하기 위해 비수기 기간 동안 가격 차별화 전략을 채택하고 있다.

Fig 06

인천공항의 월별 처리 여객량 추이 – 방학이 있는 7, 8월의 여객수요가 1년 중 가장 높아

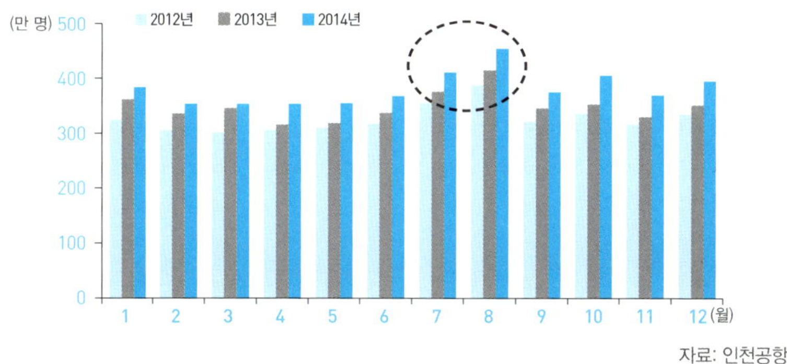

자료: 인천공항

대한항공의 분기별 매출액 추이 − 1년 중 3분기의 매출액이 가장 커

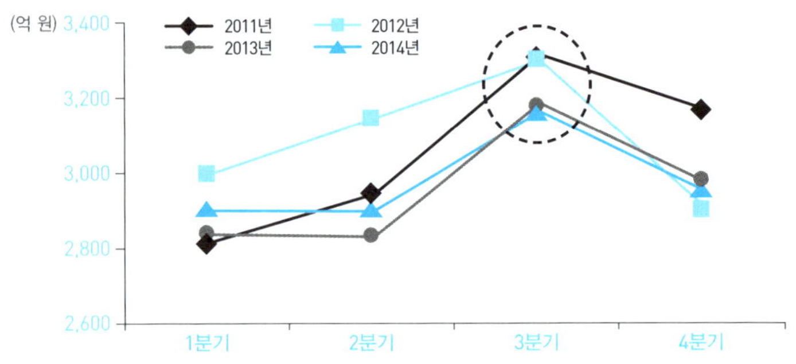

멘토의 *Tip* ❷   매출 변동성에 대응하기

매출 변동성에 대한 대응 방법들을 생각해봅시다.

매출 변동성이 큰 산업의 경우 기업은 충성심 높은 고객을 많이 확보하는 것이 대안입니다. 항공기 이용은 예매에서부터 탑승 그리고 목적지까지의 비행 등 서비스 요소가 다양하고 동선도 긴 편입니다. 이런 특징을 잘 파악하여 고객로열티를 제고할 수 있는 전략을 생각해보시기 바랍니다.

관련 자료 찾아보기 ❷
대한항공 홈페이지, 〈지속가능성 보고서〉
한국기업평가, 〈항공사 손익 변동성과 이벤트 리스크〉

대한항공에서 매년 발간하는 〈지속가능성 보고서 Sustaining Excellence〉를 홈

페이지를 통해 확인해보시기 바랍니다. 대한항공의 여러 경영 환경과 실적 및 사업 전략을 한눈에 파악할 수 있습니다. 또한 한국기업평가에서 2013년 발간한 〈항공사 손익 변동성과 이벤트 리스크〉 자료를 보면 항공사 손익변동 요인, 이벤트 리스크와 항공사 손익변동성 등 항공사의 수익 구조에 대한 이해의 폭을 넓힐 수 있습니다.

c. 높은 진입 장벽

항공운송업은 대규모 투자에 대한 부담, 정부의 인허가 문제, 고급 기술력 등으로 진입 장벽이 높은 산업이다. 국제선의 경우, 운항이 이루어지는 당사국 간의 상호협정에 의해 노선 및 운항 횟수가 결정되며, 항공사는 정부와 협의를 통해 국가별로 정해진 노선별 운항 횟수를 배분받고 있어 제한적인 경쟁이 이루어지고 있다. 더불어 항공법 및 관련 시행령의 법적 체제하에 항공사가 설립되고, 국내·국제 항공운송업 면허가 각각 필요하기 때문에 사업 초기에 항공기에 대한 대규모 투자가 이루어진다.

뿐만 아니라 규모의 경제 달성을 위해 일정 대수의 항공기를 확보해야 하기 때문에 지속적으로 투자해야 하는 부담에 노출되어 있다. 항공기는 대당 수천억 원에 이르는 고가의 장비로서 항공사 자체 현금 창출력으로 투자자금을 충당하기에는 한계가 있다. 그래서 보편적으로 항공사는 필요한 자금을 금융리스로외부에서 차입하고 운용리스를 통해 항공기를 확보한다.

외부에서 자금을 차입하는 금융리스는 상환 기간을 늘릴 수는 있지만 부채로 계상되어 매년 높은 수준의 금융비용을 지불해야 하는 단점이 있다. 사용 기간 동안 항공기 임대료를 지급하는 운용리스는 금융 리스와 달리 회계장부상 부채로 남지는 않지만, 연간 지급하는 리스료 규모가 상황에 따라 항공기 운영 수익에 비해 과중해질 수도 있다. 이런 까닭에 항공사들은 타 업종에 비해 높은 부채비율을 나타내는 것이 일반적이며, 임차료 및 금융비용도 수익 규모에 비해 높은 수준을 보인다. 항공사들은 운영 실적이 좋지 않은 경우에도 리스비용이나 이자를 지급해야 하기 때문에 항공사가 예측한 대로 수입을 올리지 못하는 경우 이자비용 또는 임차료를 결제하기가 어려워 도산하기도 한다.

이 외에도 공항 시설의 제약, 운송 네트워크의 열위, 마일리지 적립 등을 통한 기존 고객 기반의 관련 사항들도 항공산업의 높은 진입 장벽의 요인이 된다.

Fig 8

주요 항공기 기종별 가격 – 비싼 항공기 가격은 항공업의 높은 진입 장벽의 요인이다

Wide body		Single body	
 A380	약 3.2억 달러	 A320	약 7,300만 달러
 B747	약 2.3억 달러	 A321	약 8,880만 달러
 B777	약 2.6억 달러	 B757	약 7,000만 달러
 B787	약 1.9억 달러	 B737	약 7,300만 달러

자료: 이베스트투자증권

 **항공업의 재무구조 특성을 간략하게 파악해봅니다.**
항공업은 비행기 구매에 대한 높은 투자 부담과 이를 해결하기 위한 금융리스, 운용리스 등을 활용하므로 타 업종에 비해 부채비율 또는 매출원가율이 높지만 이것이 바로 재무 건전성의 악화를 의미하는 것이 아니라는 점도 참고하시기 바랍니다. 참고로 조선과 해운업체도 항공업종과 유사한 특성을 보입니다.

세계인의 운송수단이 된 항공기

a. 전 세계 여객처리량은 1945년 80억km/명에서 2014년 5조 8,282억km/명 규모로 성장

항공산업의 성장을 알아보기 전에 우선 숙지해야 할 것이 있다. 바로 항공산업에서 사용하는 수요 단위이다. 목적지에 따라 이동하는 거리가 다르기 때문에 항공수요는 여객운송일 경우 탑승 여객수에 이동 거리를 곱한 RPK(Revenue Passenger per Kilometers)를 사용하고, 화물운송일 경우 탑재 화물 톤의 수에 이동거리를 곱한 RFTK(Revenue Freight Tonne Kilometers)를 사용한다.

* RPK: 여객수요를 의미. 여객 1명을 1킬로미터 수송한 것. 단위로 사용 시 유상여객킬로미터로 읽음

* RFTK: 화물수요를 의미. 1톤의 화물을 1킬로미터 수송한 것. 단위로 사용 시 화물톤킬로미터로 읽음

전 세계 항공여객운송산업의 초기 실적은 여객수요 최장 데이터가 확인되는 1960년 기준 연간 총 1,090억km/명에 불과했다. 그러나 제트기의 개발로 항공기 속도가 시속 200마일에서 600마일까지 상승하자 1969년까지 연평균 14%씩 성장하며 전체 규모가 총 3,509억km/명으로 커졌다. 1970년대에는 넓은 동체를 가진 대형 제트기들이 등장하며 본격적인 대량 수송 시대가 열리고 1970년대 초 4,605억km/명 규모에서 1970년대 말 1조km/명 규모의 시장이 도래하였다.

1980년부터 세계 여객항공운송산업은 비교적 둔화된 성장세를 보였다. 여느 산업처럼 항공운송산업도 성숙기에 접어들면서 점차 성장세가 둔화된 것으로 파악된다. 1980년대에는 10년간 연평균 6% 성장, 1조 7,774억km/명 규모에 그쳤다. 1990년대에는 이보다 더 떨어져 10년간 비록 연평균 4% 성장에 그쳤다. 그러나 항공여객운송시장 규모 2조 km/명 시대를 열었다. 2000년대에는 연평균 5% 성장을 보이며 4조 km/명 규모를 맞이했다. 2014년의 전 세계 여객수요는 5조 8,282억km/명으로 약 31억 3,000명의 인구가 항공기를 운송수단으로 이용한 점을 감안하면 1년 동안 한 사람당 평균 1,860km의 거리를 이동한 셈이다.

화물항공운송산업은 1974년 보잉Boeing에 의해 105톤의 화물을 실을 수 있는 대형 화물전용기가 개발 및 취항되면서 본격 성장하는 발판이 마련되었다. 1960년대 100억km/톤에도 미치지 못하던 화물수요가 1970년 초 120억km/톤을 거쳐 1970년 말에는 280억km/톤에 이르렀다. 10년간 연평균 9.9%로 성장한 것이다. 1980년대, 1990년대 각각 연평균 7.7%, 7.1%의 성장률로 규모가 1,181억km/톤에 이르면서 1,000

억 규모의 시대를 맞이했다.

2000년대엔 연평균 5%로 성장하여 2010년 1,722억km/톤의 규모를 형성하였으며 이 역시 여객운송산업과 마찬가지로 성숙기에 접어드는 모습을 보였다. 2014년 화물수요가 1,796억km/톤, 화물 물동량이 5천 130만 톤임을 감안하면 평균 비행거리는 3,501km로 추측할 수 있다.

세계 여객수요 추이

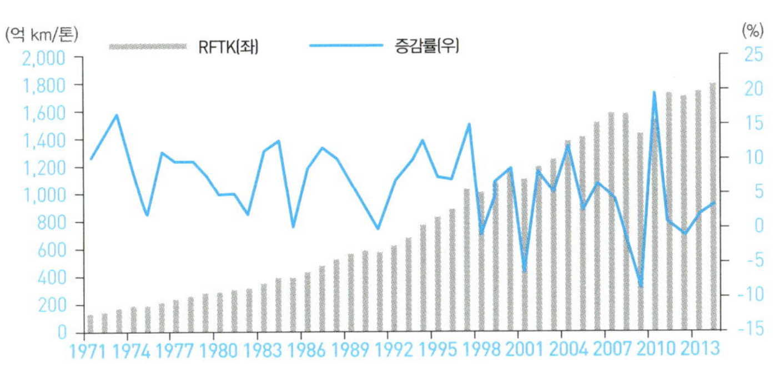

세계 화물수요 추이

 **여객수요와 화물수요의 최근 현황에 대해 파악해봅니다.**

세계 여객수요 및 세계 화물수요 추이 그래프를 보면 항공업은 지속적인 성장 산업이라는 점을 확인할 수 있습니다. 최근의 흐름만 놓고 보면 여객수요는 지속적인 상승세인 반면 화물수요는 글로벌 경기 여건에 따라 침체와 성장을 오가는 흐름임을 알 수 있습니다.

관련 자료 찾아보기 ❸
한국항공진흥협회, 〈국제공항협회 수요 예측〉 

한국항공진흥협회에서 번역 발간한 〈국제공항협회 수요 예측(2010~2029년)〉 자료를 보면 아시아·태평양 지역의 각 국가별 성장 전망 등 자세한 내용을 확인해볼 수 있습니다.

b. 지역별 현황: 북미, 유럽, 아시아가 세계 항공여객시장 견인

한편 세계 항공시장은 크게 북미, 유럽, 아시아·태평양, 남미, 중동, 아프리카 6개의 지역으로 나누어진다. 국제항공운송협회IATA가 제시한 자료에 따르면 지금으로부터 40여 년 전, 여객을 기준으로 한 지역별 시장 비중은 여객수요RPK 기준으로 북미가 47%, 유럽이 36.5%로 이 두 지역이 세계 항공시장의 84%를 차지했다. 아시아·태평양 지역 비중은 그 당시 전체 시장의 9%에 불과했다. 그러나 2014년 항공시장은 북미 25.2%, 유럽 23.7%, 아시아 32.8%, 중동 10.0%, 남미 6.0%, 아프리카 2.3%의 순으로 변화되었다. 북미와 유럽 비중이 1972년 84%에서 2014년 49%로 줄어든 것, 그리고 과거 9%에 불과하던 아시아·태평양 지역이 33%까지 성장한 점이 눈에 띈다.

화물 부문 역시 1972년에는 화물운송시장의 44.7%를 북미가, 37.4%를 유럽이 차지해 전 세계 화물시장의 82%를 두 지역이 차지하고 있었다. 아시아·태평양 지역은 8.4%에 불과했다. 그러나 2014년 북미 20.9%, 유럽 22.1%로 과거 양대 시장이었던 두 지역의 비중이 82%에서 43%로 절반가량 줄었고, 아시아·태평양 지역의 비중이 과거 8.4%에서 39.1%로 무려 4배 이상 성장하였다. 이는 중국 제조업 성장과 더불어 반도체, LCD, 자동차 부품 등 아시아의 주력 수출입 생산품이 화물운송의 주력 품목으로 부상하였고, 이에 아시아·태평양 지역의 화물운송시장이 크게 성장한 것으로 판단된다.

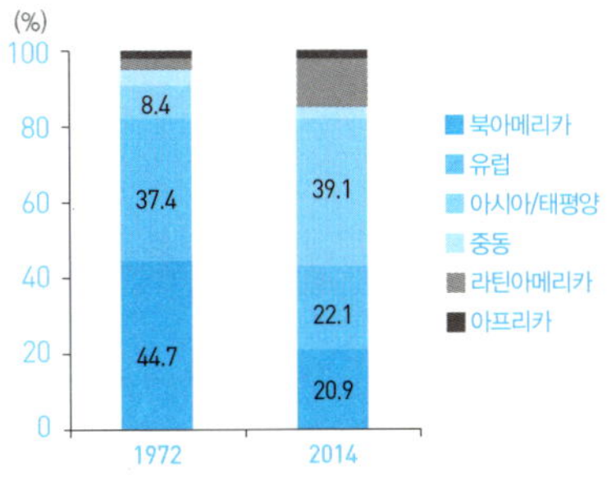

주: 국내선과 국제선 여객수요 기준 점유율
자료: IATA

주: 화물수요 기준 점유율
자료: IATA

 **항공사에서 흔히 쓰는 표현을 일상적인 단어로 만들어봅시다.**
항공사의 실적을 RPK와 RFTK로 평가하므로 두 표현 정도는 일상적인 단어로 만들어두시기 바랍니다.

관련 자료 찾아보기 ④
검색 키워드, '항공화물 품목' 

소비자 기호나 트렌드 변화가 항공화물시장에도 적잖은 변화를 준다고 합니다. 스마트폰, 태블릿PC 같은 상품이 기존 TV나 PC, 노트북 등을 대신하면서 화물 무게가 가벼워지고 이에 따라 항공화물시장에는 부정적 영향을 미친다는 것입니다. 따라서 항공화물업계는 성장세가 예상되는 품목을 미리 파악해서 대응할 필요가 있습니다. '항공화물 품목'을 키워드로 해서 최근의 흐름을 파악해보시기 바랍니다.

c. 전 세계 항공산업 규모

세계 항공시장의 규모는 7,000억 달러 정도로 파악된다. 항공산업 매거진 《에어라인 비즈니스Airline Business》에 따르면, 2013년 150개 항공사의 매출액을 모두 더해 산출한 세계 항공시장의 매출 규모는 7,170억 달러(약 662조 원)로 2012년 대비 1.6% 증가했다.

항공사별 매출액 순위로는 아메리칸항공그룹American Airlines 이 404억 달러로 1위를 기록했고, 루프트한자그룹Lufthansa이 399억 달러로 2위를

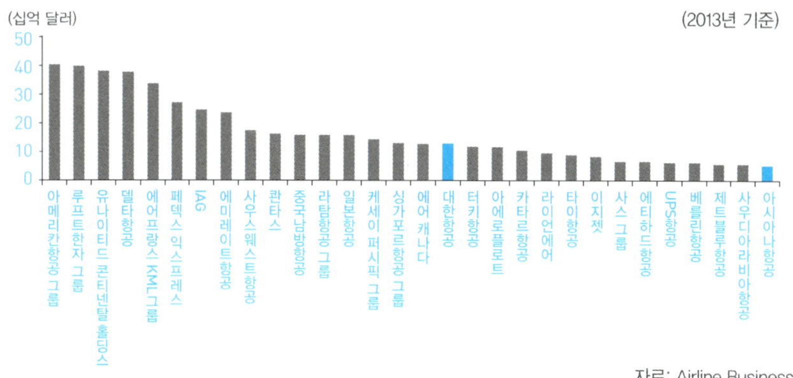

기록한 가운데, 미국의 유나이티드-컨티넨탈United-Continental Holdings과 델타Delta항공이 각각 383억 달러, 378억 달러로 그 뒤를 이었다. 10위 안에 포함된 항공사들은 소속 지역별로 북미가 5개사, 유럽이 3개사이며 아시아·태평양 지역과 중동 지역이 각각 1개사로 그 뒤를 이었다. Top 10 항공사들의 총 매출액은 3,000억 달러로 세계 항공시장 매출의 절반이 글로벌 Top 10 항공사들에 의해 독식되고 있다.

d. 전 세계 운항 항공사 수

2013년 기준 국제항공수송협회에 가입한 항공사는 608개다. 현재 운항 중인 항공사는 치열한 경쟁 속에서 살아남은 항공사들로, 정확히 파악되지 않지만 1979년부터 1988년까지 10년 동안 새로운 항공사 210개 사가 진입하는 한편 파산이나, 합병, 운항 정지 등으로 없어진 항공사도 168개나 된다고 한다.

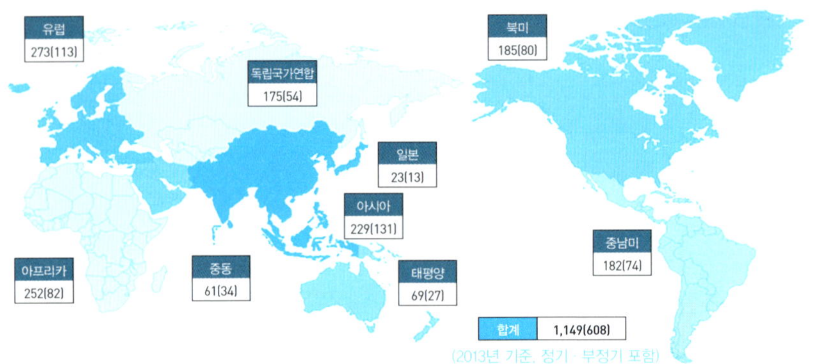

주: 화물 전문 항공사 포함, 괄호 안 수는 정기 여객항공사 수
자료: 이베스트투자증권

멘토의 Tip ⑥　　　　　　　　　**항공산업 주요 수치 챙기기**

항공산업 주요 수치들을 잘 챙겨두시기 바랍니다.

항공산업 현황에 대한 주요 수치들을 잘 확인해둡시다. 2013년 기준 시장 규모는 7,170억 달러, 항공사 수는 608개, 매출 규모 세계 1위는 아메리칸항공그룹, 대한항공은 17위, 화물운송 페덱스가 세계 6위 등등. 본 파트 외에도 항공산업 및 시장 현황 관련 주요 통계나 수치들도 잘 챙겨두시기 바랍니다. 이동과 거리를 사업의 밑바탕에 깔고 있는 회사이므로 여타 산업보다는 통계에 대한 이해도가 업무에 중요할 수 있기 때문입니다.

e. 3대 글로벌 제휴 그룹: 스타얼라이언스, 원월드, 스카이팀

저가항공사의 시장점유율 확대 등이 대형항공사들에 큰 부담으로 작용하자, 대형항공사들은 네트워크와 시스템을 공유하고 시장을 확보하며 어려운 지역에 진출하는 일환으로 제휴를 시작하였다. 이는 글로벌 제휴 그룹이 발전하는 계기가 되었다. 현재 글로벌 제휴는 크게 스타얼라이언스Star Alliance, 원월드Oneworld, 그리고 스카이팀Skyteam의 세 그룹이 주도하고 있으며 가장 처음 설립된 제휴사는 1997년 5월에 만들어진 스타얼라이언스이다. 대한항공은 2000년 스카이팀에, 아시아나항공은 2003년 스타얼라이언스에 참여하게 되었다.

회원 수는 스타얼라이언스가 27개사로 가장 많으며 원월드와 스카이팀은 각각 17, 20개사로 구성되어 있다. 항공기 대수 역시 스타얼라이언스가 4,561대로 가장 많이 보유하고 있으며 원월드와 스카이팀은 각각 3,428대와 3,054대로 스타얼라이언스와 격차를 보이고 있다. 국제선 시장점유율 측면에서는 스타얼라이언스가 2013년 여객처리량 기준 34%의 점유율을 차지하고 있으며 원월드는 25%, 스카이팀은 20%의 점유율을 보이고 있다.

Fig 15
얼라이언스별 회원 수와 항공기 대수

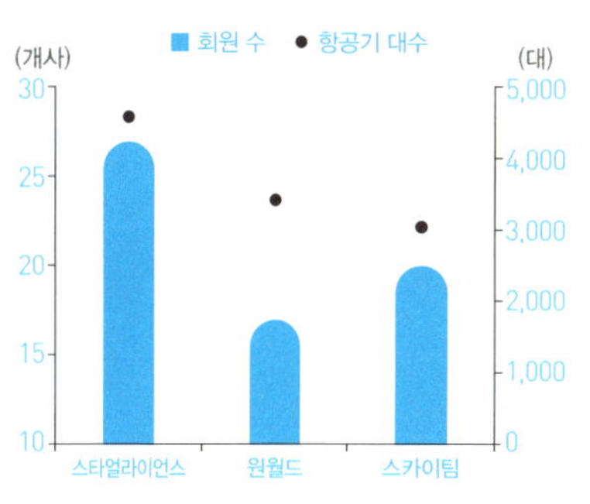

자료: 각 제휴사

Fig 16
얼라이언스별 국제선 시장점유율

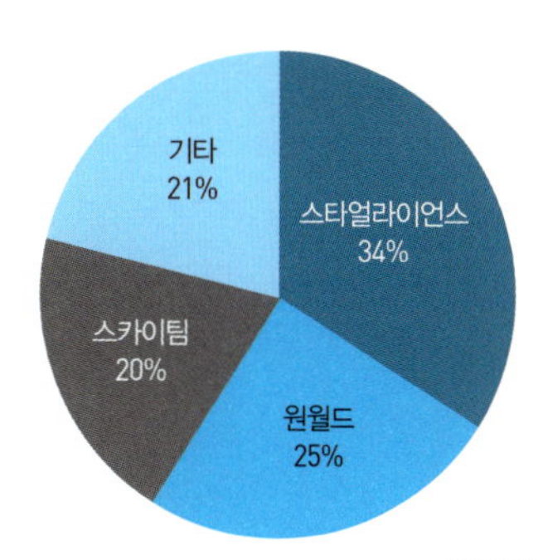

(2013년 기준)
자료: 각 제휴사

글로벌 제휴사별 주요 회원 항공사

자료: 이베스트투자증권

멘토의 *Tip* ❼ 　　　스카이팀 항공사 숙지하기

스카이팀 소속 주요 항공사 이름을 숙지해둡니다.

대한항공이 속해 있는 스카이팀 소속 주요 항공사 정도는 숙지하도록 합시다. 면접에서 상식 확인 차원에서 물어볼 수 있으니까요. 또한 같은 항공사 간 제휴 외에 통신사와의 제휴 마케팅 같은 다양한 제휴 상품과 서비스에 대해서도 잘 확인하시기 바랍니다.

관련 자료 찾아보기 ❺
검색 키워드, '대한항공 제휴 마케팅'

'대한항공 제휴 마케팅'을 키워드로 해서 관련 자료를 찾아보면 그동안

SKT, 서울시, 국립중앙박물관, 은행, 카드사, 병원 등 다양한 곳과 제휴해 오고 있음을 알 수 있습니다. 이것 외에도 대한항공이 어떤 조직과 제휴를 하면 시너지를 낼 수 있는지에 대해서도 생각하시기 바랍니다.

f. 전 세계 항공기 운항 대수

한편, 정기 항공사가 운항하고 있는 항공기는 총 17,200대라고 한다. 이는 평균적으로 한 항공사가 28대의 항공기로 운송 활동을 하고 있 는 것으로 해석할 수 있다.

가입 항공사 중 가장 많은 항공기를 보유하고 있는 곳은 아메리칸 항공으로 총 1,494대를 보유하고 있으며, 그다음은 1,280대를 보유한 델타항공으로 파악되었다.

Fig 18

전 세계 운항 항공기 대수 및 증감률 추이

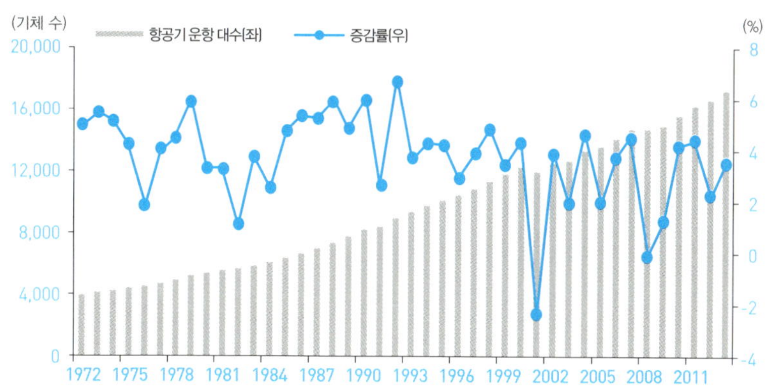

자료: 이베스트투자증권

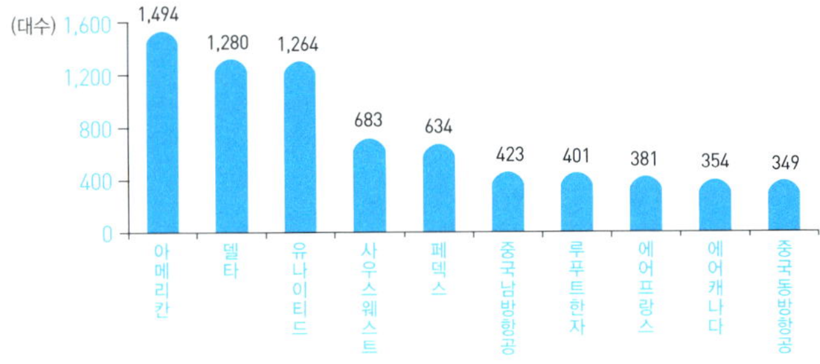

멘토의 Tip ⑧　　　　　　　　　　항공시장 분석 능력 키우기

통계 비교법을 통해 분석 능력을 키워봅시다.

2013년 기준으로 세계 1위 아메리칸항공그룹의 경우 매출액 기준으로는 세계 전체 대비 5.6%를 차지하는 반면, 비행기 대수로는 전체 대비 8.6%를 차지하고 있습니다. 반면 대한항공의 경우 매출 기준(11조 7천억 원) 1.8%, 대수 기준(145대) 0.8%를 각각 기록했습니다. 직관적으로 대한항공의 생산성(비행기 1대당 매출액)이 상당히 높다는 점을 알 수 있습니다. 간단한 예입니다만, 한 기업을 분석할 때 통계를 적절히 활용해서 비교해보면 강약점을 객관적으로 이해할 수 있습니다. 이런 분석법을 가볍게라도 활용하여 여타 기업의 분석에도 적용해보시면 자신만의 분석 능력과 시각을 키우는 데 매우 유용합니다.

g. 전 세계 노선별 수송점유율

영국의 항공 전문지 《플라이트 인터내셔널 Flight International》에 따르면 전 세계 항공시장에는 총 54,317개의 노선이 운항되고 있다고 한다. 지역별 수송점유율을 살펴보면 가장 큰 비중을 차지하는 노선은 아시아 내 수송으로 16.5%를 차지하고 있고 그 뒤를 북미 내 수송과 북미와 유럽 간 노선이 각각 16.3%, 12.4%로 뒤따르고 있다.

아시아 내 수송량이 큰 것은 중국과 인도같이 인구가 많은 국가가 둘이나 있기 때문이라 판단된다. 실제로 미국의 인구는 총 3억 명이지만 중국은 13억 명, 인도는 12억 명으로 이 두 나라를 합치면 무려 미국의 8배 이상의 규모이다. 아시아 내 여객 수송량이 북미 국내선 비중 수준과 비슷해진 반면, 역외 노선 비중은 북미 간 5.9%, 유럽 간 8.8% 등으로 북미와 유럽 간 12.4%에 비해 아직 작은 편이다. 그러나 향후 아시아 지역의 경제 규모가 커지고 이로 인해 개인소득이 증대

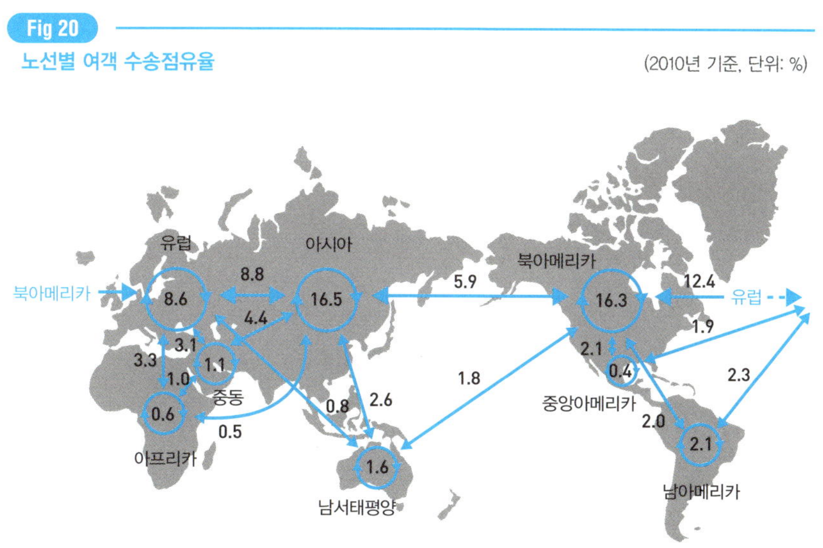

자료: 이베스트투자증권

되면 해외여행에 대한 수요도 함께 성장할 것으로 전망된다. 그렇게 되면 아시아·태평양 지역의 역외 노선 수송량이 엄청난 자국 인구 규모로 인해 크게 늘어날 것이라 판단된다.

h. 전 세계 민간 공항 수

항공사가 운항을 하기 위해 꼭 필요한 인프라인 공항은 전 세계에 4만 개가 넘는 것으로 조사되었다. 미중앙정보국CIA에 따르면 전 세계 공항의 수는 41,788개이며 그중 국제공항협회ACI에 가입된 공항은 1,861개라고 한다.

ACI 소속 주요 공항의 2014년 여객처리 실적 순위는 아래 도표(Fig 21)와 같다. 총 9,618만 명을 처리한 미국의 애틀란타공항이 1위, 2위는 베이징공항으로 런던의 히드로공항을 앞섰다. 인천공항은 4,566만 명으

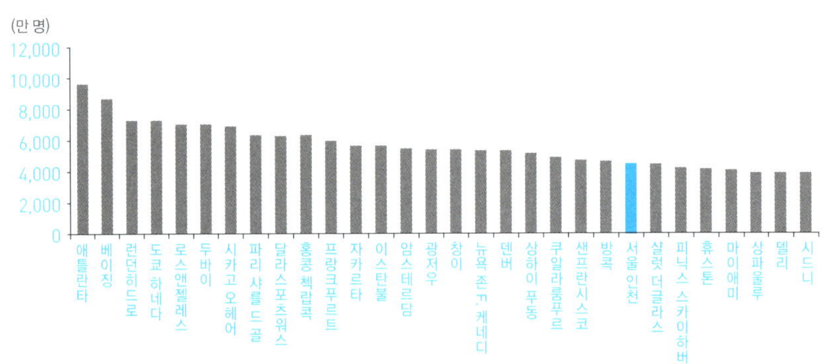

Fig 21

2014 글로벌 공항 여객처리량 Top 30

주: 국내선 및 국제선 화물처리 실적 기준
자료: 이베스트투자증권

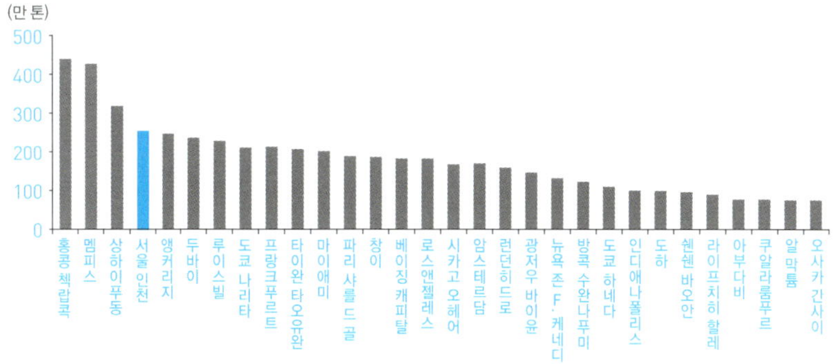

로 23위를 차지했다.

마찬가지로 국제공항협회에 소속된 주요 공항의 2014년 화물처리 실적 순위는(Fig 22), 441만 톤을 처리한 홍콩 첵랍콕공항이 1위를, 미국의 멤피스공항과 중국 상하이푸동공항이 각각 2위와 3위를 차지했다. 인천공항은 22만 톤으로 4위를 차지했다. 여객운송시장과 달리 화물운송시장은 상위 30개 화물공항이 전 세계 항공화물 물동량의 57%를 처리할 정도로 집중되는 모습을 보인다고 한다.

세계 주요 공항을 살펴보면서 지리적 감각을 가져봅시다.
전 세계에는 54,317개의 항공 노선이 있고, 그 노선을 만들어주

는 민간 공항은 41,788개가 있다고 합니다. 아시아의 수송점유율이 계속 커지고 있으므로 유럽과 미주는 물론 아시아 노선을 잇는 주요 공항들을 살펴보면서 지리적 감각을 키우시기 바랍니다. 항공업 종사자로서 지리나 공항에 대한 기본 소양을 갖춘다는 생각으로 접근하시기 바랍니다.

국제항공수송협회 홈페이지에는 항공산업 관련 발간 자료들이 많습니다. Publications(간행물) 섹션에서 경제 통계, 산업 분석, 이슈 분석, 연례보고서 등의 자료들을 참고해보시기 바랍니다.

제2의 전성기를 맞이한 항공운송

세계 항공수요는 장기적으로 지속적 성장 추세를 이어갈 것으로 전망된다. 국제민간항공기구ICAO는 세계 여객수요가 2030년까지 연평균 4.5% 증가할 것으로 전망했고, 국제항공수송협회에서는 세계 여객수요가 2034년까지 연평균 4.1% 증가하여 73억 명에 이를 것으로 발표했으며, 에어버스는 2023년까지 연평균 5.2%, 보잉은 2033년까지 연평균 5.0% 증가할 것으로 전망했다. 근래 유가하락으로 인한 활발한 경제활동과 여객수요 증가, 최근의 비즈니스 신뢰지수 향상으로 2015년 국제선 여행수요 증가가 전망된다.

마찬가지로 세계 항공화물 역시 4.1~5.2% 증가할 것으로 예상되는데, 국제민간항공기구는 2030년까지 연평균 5.2%, 국제항공수송협회는 2014년부터 2018년 사이 연평균 4.1%, 에어버스는 2023년까지 연평균 5.0%, 보잉은 2033년까지 연평균 4.7% 증가할 것으로 전망하였다. 2013년에 6개월 동안 지속된 신흥 아시아 무역량의 지속적인 증가세와 침체기 이래 최고 수준인 미국 경제 전망에 대한 낙관론은 반도체와 같이 항공화물로 운송해야 하는 상품에 대한 수요의 성장을 지지하기 때문이다. 세계 경제 회복세와 함께 항공화물시장도 성장세를 보일 것으로 전망된다.

항공 여객수요 성장률 및 기업신뢰지수 추이

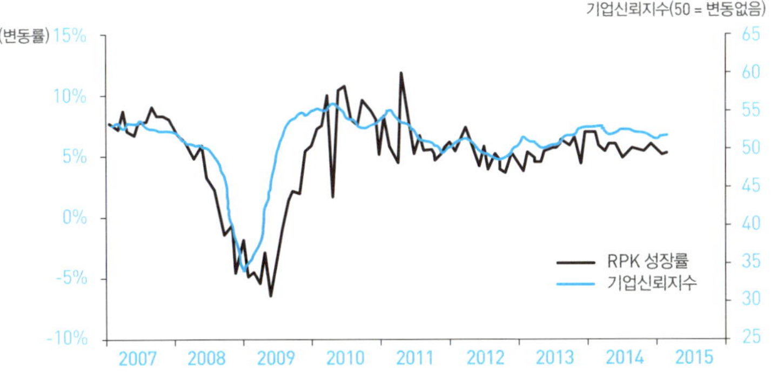

자료: IATA

항공화물수요와 세계 무역량 추이

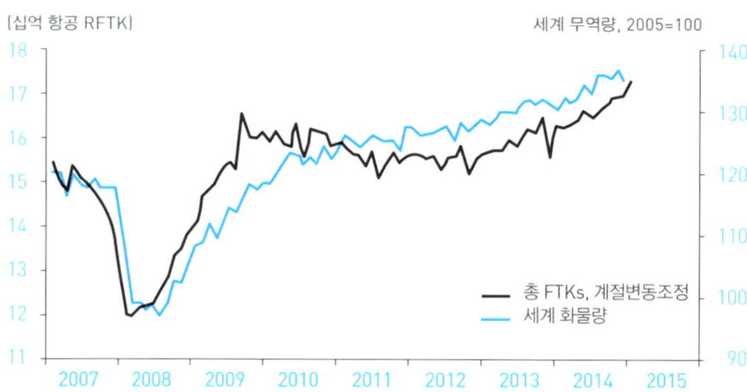

자료: IATA

기관별 세계 여객 및 화물수요 전망

		여객				화물		
		발표 기준	예측 기간	연평균 성장률 [%]		발표 기준	예측 기간	연평균 성장률 [%]
국제민간 항공기구	국내선 + 국제선	여객킬로미터	2011~2030년	4.5	국내선 + 국제선	화물톤킬로미터	2011~2030년	5.2
국제항공 수송협회	국내선 + 국제선	여객수	2014~2034년	4.1	국제선	화물톤	2014~2018년	4.1
국제공항 협회	국내선 + 국제선	여객수	2014~2018년	4.5	국내선 + 국제선	화물톤	2011~2016년	4
			2011~2031년	4.1			2011~2031년	4.5
에어버스	국내선 + 국제선	여객킬로미터	2013~2023년	5.2	국내선 + 국제선	화물톤킬로미터	2013~2023년	5
			2013~2033년	4.7			2013~2033년	4.5
보잉	국내선 + 국제선	여객킬로미터	2013~2033년	5	국내선 + 국제선	화물톤킬로미터	2013~2033년	4.7

자료: 이베스트투자증권

02

고부가가치를 창출하는
항공우주산업

첨단기술의 집약체 시스템종합산업

항공우주산업은 항공기, 우주비행체, 관련 부속기기류 또는 소재류를 제조, 가공, 조립, 재생, 개조 또는 수리하는 산업이다. 항공우주산업은 기계, 전자, 소재 등 다양한 분야의 첨단기술이 집약된 시스템종합산업으로서 자동차, 조선 등 다른 산업으로의 기술 파급효과가 매우 높다.

항공우주산업은 우선 고부가가치의 선진국형 지식기반 산업이라는 특징이 있다. 첨단기술을 통해 생산된 완제품은 투입한 원자재에 비해서 매우 고가이며, 미국에서는 관련 분야의 평균 임금이 일반 제조업 평균의 1.5배가 되는 등 대표적인 고임금 업종으로 분류된다.

둘째, 항공우주산업은 초기에 대규모의 연구개발 투자 및 시설 투자가 필요한 반면, 투자회수기간은 길다. 이로 인해 규모의 경제가 크게 작용하여 후발주자의 시장 진입이 어렵다.

셋째, 국가 안보와 직결되는 산업이다. 항공산업 역량은 국가 방위력이 평가되는 척도이며, 우주개발에 필요한 핵심 기술과 생산 기반을 제공한다. 이에 따라 국가별로 항공우주산업을 전략적으로 육성하고 있다.

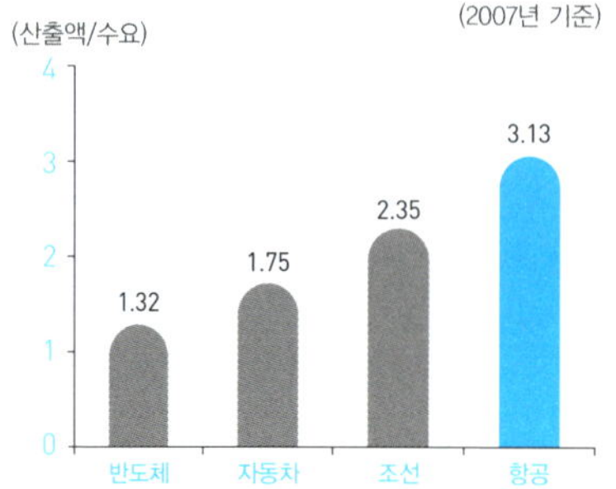

주: 생산유발계수란 최종 수요 한 단위 증가 시 유발되는 산출액 단위
자료: 한국은행

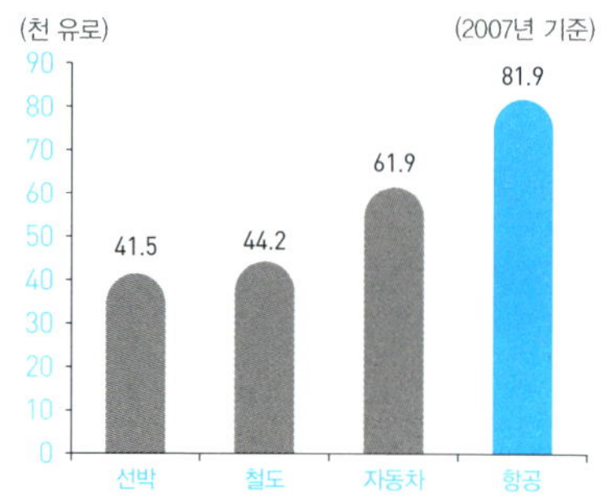

주: 부가가치 생산액=(매출액-중간생산물가치액)/산업종사자수
자료: Eurostat

Fig 28

기관별 세계 여객수요 및 화물수요 전망

	항공	조선	자동차
개발 기간/ 양산 기간/ 사용 기간	평균 10년/ 30년/ 30년	평균 5년/ 주문생산 25년	평균 3년/ 5년/ 10년
수주 방식 및 생산 방식	선주문/ 수작업	선주문/ 수작업	인도 후 납부/ 자동화
주요 고객	기업(운항사)	기업(상선사)	개인
개발 생산 방식	모델 개발 → 주문 → 생산	주문 → 개발 생산 → 인도	개발 → 생산 → 판매
분업구조(Supply Chain)	RSP*가 보편화	수직계열화	수직계열화
매출액 대비 연구 개발비	10%	1%	3.50%
개발비	대형기 10조, 전투기 5~10조, 중형기 3조	탄력적	중형차 4,500억
모델별 생산 대수	1천여 대 수준	1대	4~5십만 대

*RSP(Risk Share Partner)는 항공기 개발 위험 분산 및 판매망 확보를 위해 참여 지분만큼 수익을 분배받는 방식
자료: 이트레이드증권

 **항공우주산업은 성장잠재성이 크므로 기본 현황을 파악해둡시다.**

항공우주산업 부문에서 대한항공이 차지하는 비중은 아직 작지만 앞으로 무한한 성장잠재력을 갖고 있는 분야입니다. 실제로 항공운송산업 규모 대비 80%를 상회할 정도로 큰 시장입니다. 일반직군 지원자라면 전 세계적으로 항공우주산업의 현황과 기술, 관련 기업 등에 대한 간단한 이해 정도는 해두시기 바랍니다.

관련 자료 찾아보기 ❼
검색 키워드, '항공우주사업본부'

먼저 대한항공 항공우주사업본부 홈페이지(www.kal-asd.co.kr)에 들어가 사업 소개, 정보 광장 등의 메뉴를 확인하다 보면 항공우주산업이 첨단소재, 정보통신기술, 우주개발, 군용기, 무인항공기 등 다양한 영역을 아우르고 있음을 알 수 있습니다. 앞으로 대한항공에 어떤 사업과 결합하는 모델이 나올지에 대해서도 생각하시기 바랍니다.

독과점 체제가 형성된 항공우주산업

항공우주산업은 크게 항공기 생산 및 관련 부문과 운용 관련 부문으로 구분할 수 있다. 항공기 생산 부문에는 부품소재산업과 완제기 제작산업이 있고 운용 관련 부문에는 정비산업MRO과 지상 지원 장비산업이 있다. 보통 항공우주산업은 그중 부품소재 산업과 완제기 제작산업, 그리고 항공기 정비산업을 포함한다.

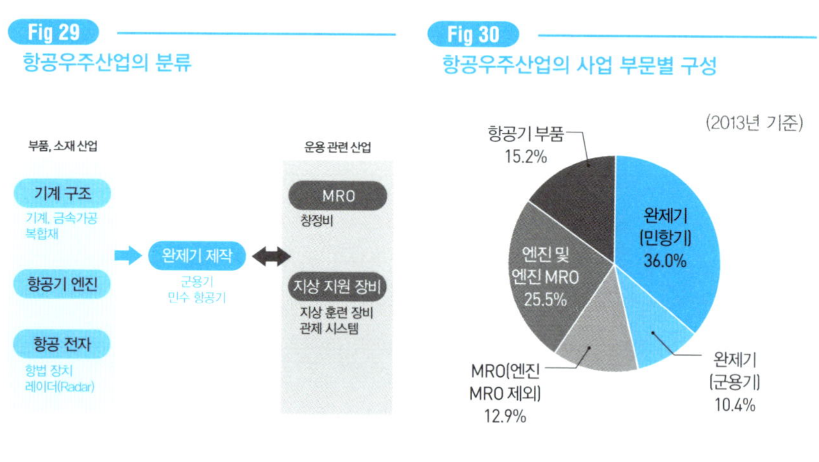

자료: 이베스트투자증권

자료: 이베스트투자증권

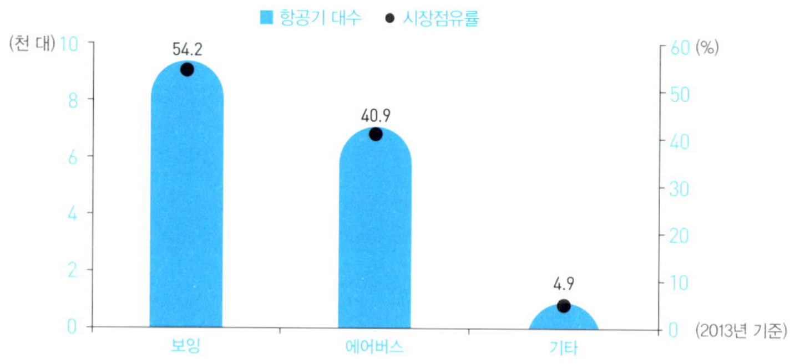

자료: 각 사

우선, 민수용 항공기를 제조하는 완제기산업을 살펴보자. 제작사별로 운항되는 항공기를 분류한 결과(Fig 31), 보잉이 총 9,315대로 점유율 54%를 차지해 1위를, 에어버스가 7,040대로 점유율 41%를 차지하며 그 뒤를 이었다. 보잉과 에어버스의 점유율을 합하면 95%로 전 세계 항공기 제조 시장을 두 회사가 양분하고 있다고 해도 과언이 아님을 알 수 있다.

이와 같이 항공우주산업은 기종별 그리고 국가별 독과점 체제가 구축되었는데, 이는 지속적인 인수합병에 따른 결과이다. 보잉의 경우 1996년 보잉과 맥도넬 더글라스McDonnell Douglas가 합병되어 민수와 군수 사업을 복합적으로 영위하는 보잉이 탄생하였으며, 군수업체로 유명한 록히드 마틴의 경우도 1995년 록히드Lockheed 사와 마틴마리에따Martin Marietta 사의 합병하여 세계 메이저 회사가 되었다. 민항기 에어버스를 제작하는 우주항공방위우주산업EADS 사도 1999년 프랑스 아에로스빠

M&A를 통한 항공우주기업의 거대 기업화

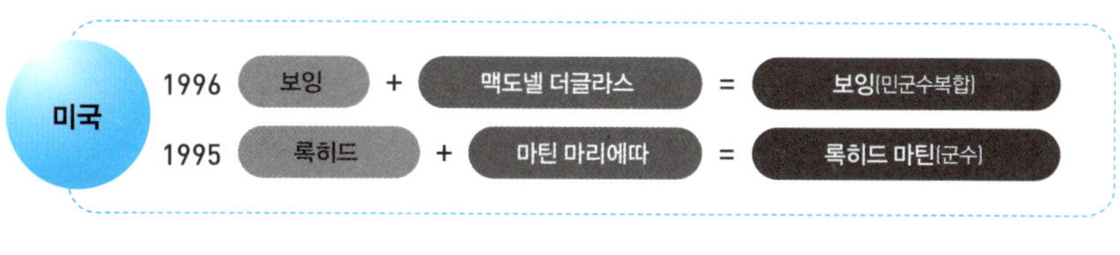

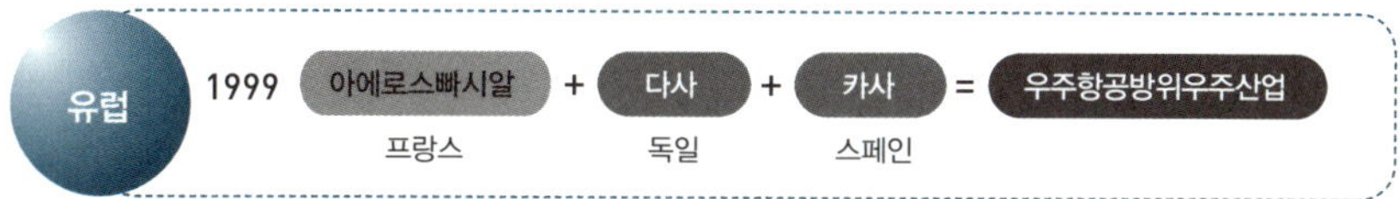

자료: 이베스트투자증권

세계 10대 항공우주업체별 매출액

순위	업체명	국가	2011년 매출 (단위: 십억 달러)
1	보잉	미국	68.7
2	우주항공방위우주산업	유럽연합	65.1
3	록히드 마틴	미국	46.5
4	제네럴 다이내믹스	미국	32.7
5	유나이티드 테크놀로지스	미국	26.9
6	노그롭 그루먼	미국	26.4
7	레이시언	미국	24.9
8	핀메카니카	이탈리아	19.7
9	제너럴 일렉트릭	미국	18.9
10	사프란	프랑스	13.9

자료: PwC

세계 항공기 정비업 매출액 상위 10개 업체

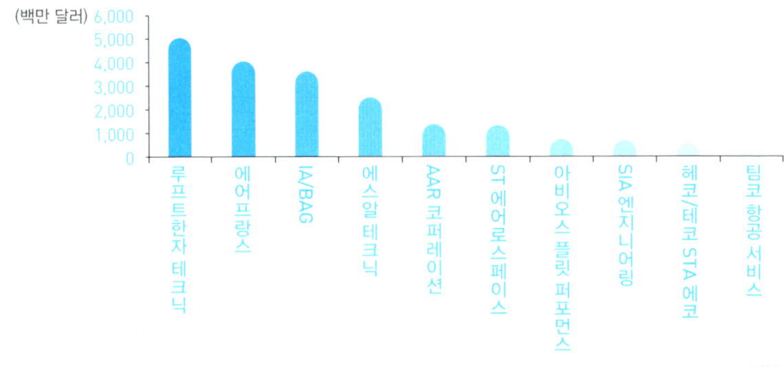

자료: 각 사

시알Aerospatiale과 독일의 다사DASA, 그리고 스페인의 카사CASA가 합병하여 생긴 회사이다.

정비시장(엔진 정비 제외)의 규모는 2013년 기준 550억 달러로 향후 연평균 4.8%로 성장하여 2019년에는 730억 달러를 형성할 것으로 기대되는데, 이는 1990년대부터 항공사들이 고정비용을 감소시키고 효율성을 높이기 위해서 정비를 외주 업체에 맡기고 있기 때문이다. 글로벌 항공기 정비 회사는 주로 항공기 운항사의 자회사가 많은데, 주요 기업으로는 독일 루프트한자항공의 자회사인 루프트한자 테크닉 Lufthansa Technik과 에어프랑스Air France, IAI/BAG 등이 꼽힌다.

멘토의 Tip ⑪ 　　　한국항공우주의 연혁 알아보기

국내 유일의 완제기 회사인 한국항공우주의 간략한 연혁 정도는 알아봅시다.

한국항공우주KAI가 국내에서는 완제기를 제작하는 유일한 회사입니다. 주인이 몇 번 바뀌면서 새로운 주인을 기다리고 있는 상황(2015년 6월)이기도 합니다. 세계 상위 제작업체들과 비교하면 규모는 왜소한 편이지만 앞으로 성장가능성은 크다고 하겠습니다. 대한항공도 과거 KAI 인수를 추진했던 회사 중의 하나이므로 과거 언론 기사 등을 읽으면서 국내 항공우주 산업의 흐름을 확인해보시기 바랍니다. 다만, 대한항공이 완제기 제작을 목표로 하는지 아니면 부품 생산이나 관련 기술에 더 관심이 있는지에 대해서는 의견이 분분하므로 이 점은 참고해야 하겠습니다.

관련 자료 찾아보기 ⑧
검색 키워드, '항공정비산업'

항공정비산업이 항공업체들의 새로운 먹거리로 떠오르고 있다는 언론

보도가 종종 나옵니다. 대한항공도 일부 기종의 엔진 정비는 외국 업체에 외주를 주고 있는데, 직접 해결하는 경우 비용 절감은 물론 해외 정비수요까지 흡수할 수 있기 때문입니다. 이는 아시아 항공시장의 성장세가 유럽이나 미국보다 훨씬 견조하고 그만큼 시장 규모도 커질 것으로 전망하기 때문일 것입니다. '항공정비산업'을 키워드로 관련 정보들을 간략하게 정리하시기 바랍니다

지속적으로 증가하는 항공기 수주량

세계 항공우주산업의 시장 규모는 2013년 기준 5,493억 달러를 기록하였으며 사업 부문별로는 완제기 제작이 2,195억달러, 부품소재산업이 797억 달러, 정비산업은 554억 달러로 파악된다.

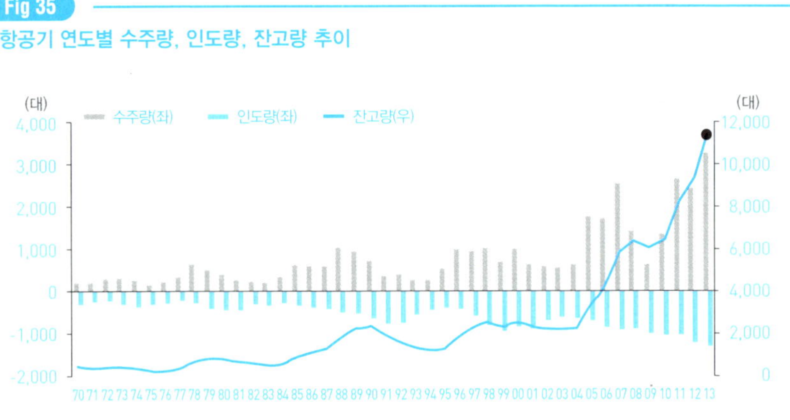

자료: 이베스트투자증권

항공우주산업은 향후 가파른 성장세가 예상되는데, 그 이유는 항공기 주문 잔고량이 높은 수준이고, 항공기 수주량이 지속적으로 늘어날 것으로 전망되기 때문이다. 우선 항공기 주문 잔고량은(Fig 35) 2013년 기준 11,321대로 전 세계에서 운항하는 항공기 수 대비 66%에 달하는 상황이다. 더불어 중국, 동남아시아 등 국민소득 수준의 향상으로 항공운송시장의 수요가 증가할 것으로 예상되는 지역에서 항공기 주문이 지속적으로 늘어날 것으로 예상된다. 이에 따라 완제기 산업뿐만 아니라 항공기 정비산업 역시 큰 폭의 성장이 전망된다.

향후 항공우주산업은 향후 4%의 성장률로 성장하여 2022년에는 7,904억 달러 규모의 시장이 형성될 것으로 기대되고 있다.

Fig 36
사업 부문별 글로벌 시장 규모 현황 및 전망

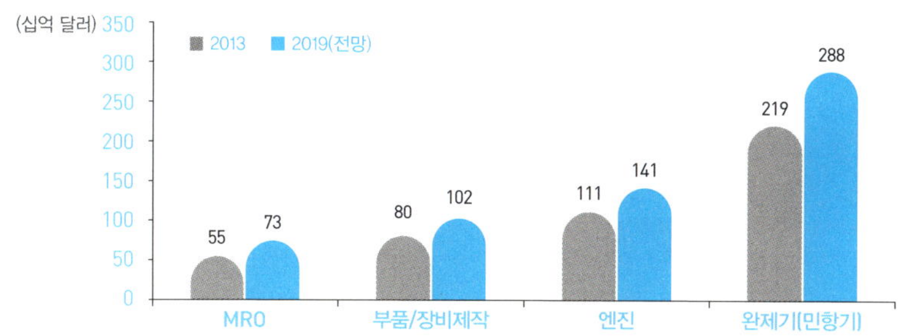

주: 엔진 사업은 엔진 MRO 제외
자료: 이베스트투자증권

KOREAN AIR

02

시장:
국내 항공시장을 이끄는 대한항공

2014년 국내 여객운송시장은 처음으로 항공여객 8,000만 명을 돌파했습니다. 대한항공은 우리나라가 항공 선진국 대열에 한발 다가가는 데 크게 기여했습니다. 또한 항공우주 사업에 대한 의지 역시 남다릅니다. 대한항공이 아시아의 대표 항공사가 되기까지 항공시장의 변화와 오늘날의 시장 규모 및 앞으로의 성장 전망도 함께 살펴봅시다.

01

항공 역사를
새로 쓴 대한항공

아시아의 대표가 된 국내 항공

2014년 한국 항공여객운송시장은 항공 노선 및 운항 편 확대, 중국 및 동아시아의 방한수요 확대, 제주 노선의 관광수요 증가 등으로 우리나라 항공 역사상 처음으로 항공여객 8,000만 명을 돌파하였다. 다만 인천공항의 환승여객은 전년대비 6.0% 감소한 725만 명으로 환승률도 전년대비 2.7%p 감소한 16.0%를 기록하였다. 이는 대한항공의 델타항공과의 코드쉐어 종료로 인한 영향과 미국 항공사의 중국 직항 증가 등의 영향인 것으로 파악된다.

전체 여객수요 중 약 70%를 차지하는 국제 여객은 동아시아, 중국, 일본 순으로 수요 비중이 크다. 동아시아 노선 및 중국 노선은 항공사 취항 노선 및 운항 확대, 한류 영향에 따른 관광객 증가, 저가항공사의 해외 근거리 노선 성장 등으로 각각 전년대비 10.9%, 26.7% 증가했다. 반면 일본 노선은 엔저 지속, 한일 정치적 갈등 등으로 전년대비 1.6% 감소했다.

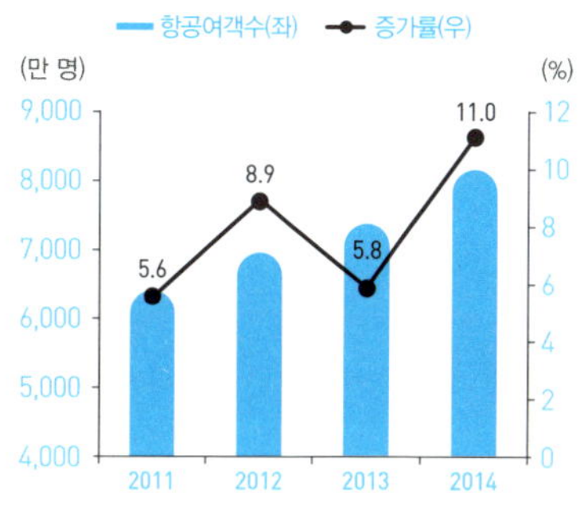

자료: 한국공항공사

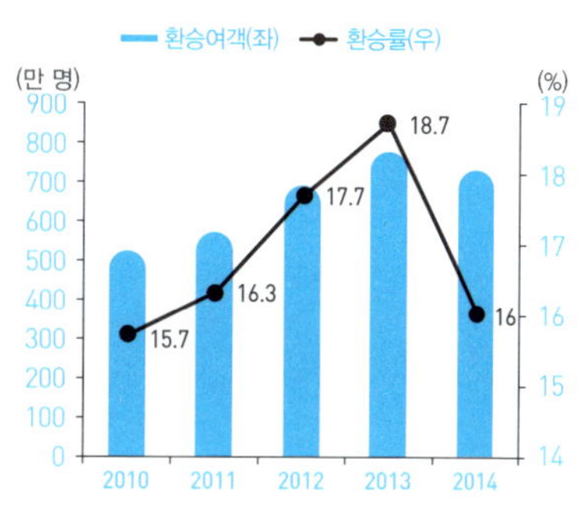

자료: 인천공항공사

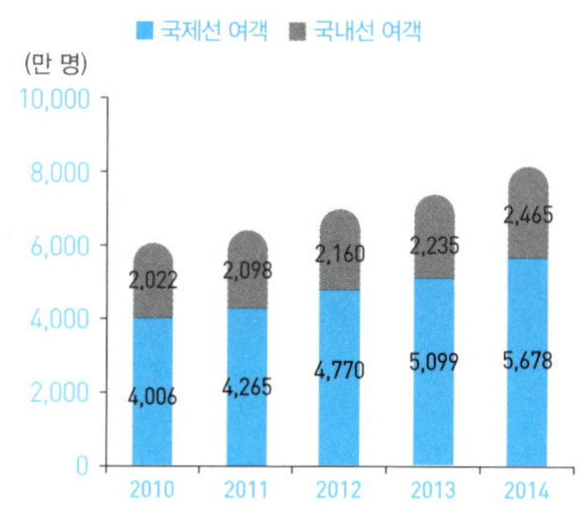

자료: 한국공항공사

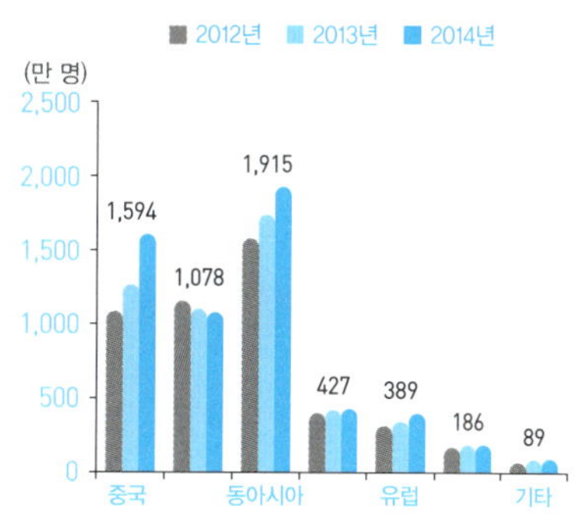

자료: 한국공항공사

 **항공운송시장의 성장과 함께 위협 요인들도 파악해봅시다.**
2014년 기준으로 한국의 항공여객운송시장은 처음으로 항공여객 8,000만 명을 돌파했습니다. 중국, 일본 등 아시아 시장의 성장 과실을 우리나라도 함께 누리고 있는 모습입니다. 다만, 국제 환승 고객의 큰 감소세는 향후 대한항공으로서도 고민 과제인 것 같습니다.

관련 자료 찾아보기 ⑨
검색 키워드, '비행 탑승', '비행 환승' 

'비행 탑승' 혹은 '비행 환승'을 주제로 한 블로그나 카페의 글들을 참고하시기 바랍니다. 비행기 운항과 관련한 고객 입장에서 말하는 다양한 평가들을 확인하다 보면, 비행기 이용 경험이 적더라도 항공기 스케줄에 대한 이해나 기내 서비스 방식, 기내식 특징 등에 대한 현실 감각을 높일 수 있습니다.

역대 최대 실적을 달성한 국내 항공화물

2014년 항공화물도 화물기 운항 확대와 유가하락에 힘입은 항공 수출입 수송량 증가로 역대 최대 실적(369만 톤)을 달성하였다. 그중 92.4%에 해당하는 국제 화물은 항공사의 화물기 운항편 확대와 반도체 제조용 장비 및 무선통신기기 부품 교역 증가, 세계 경기회복에 힘입은 수출 및 수입 호조 등으로 전년대비 5.1% 증가한 341만 톤을 기록했다.

인천공항의 환적화물은 104만 톤으로 환적률은 40.6%를 기록했다. 이는 전년대비 2.3%p 감소했는데 2011년을 기점으로 인천공항의 환적률은 계속 하락하고 있음을 알 수 있다(Fig 42).

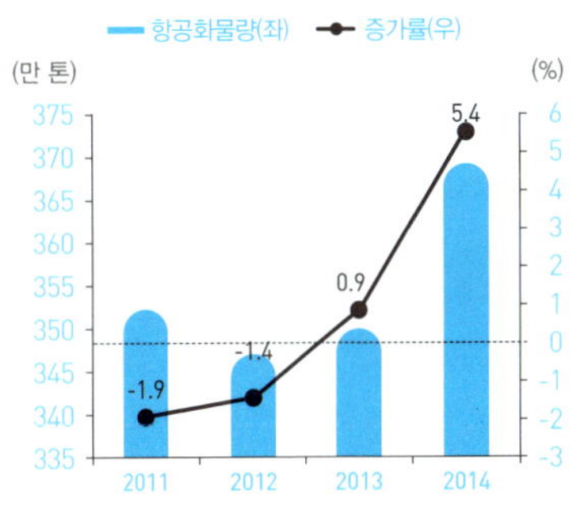

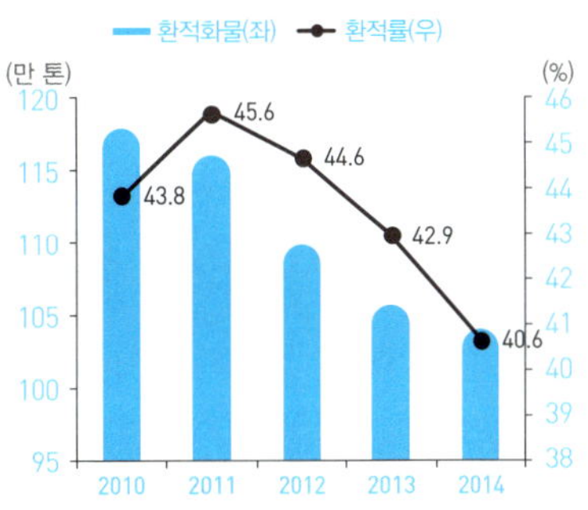

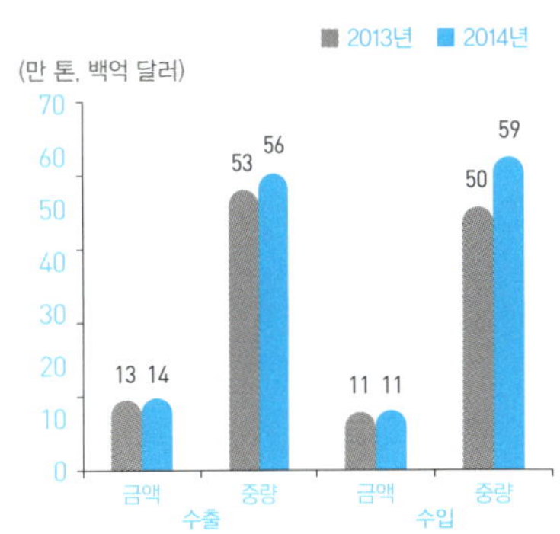

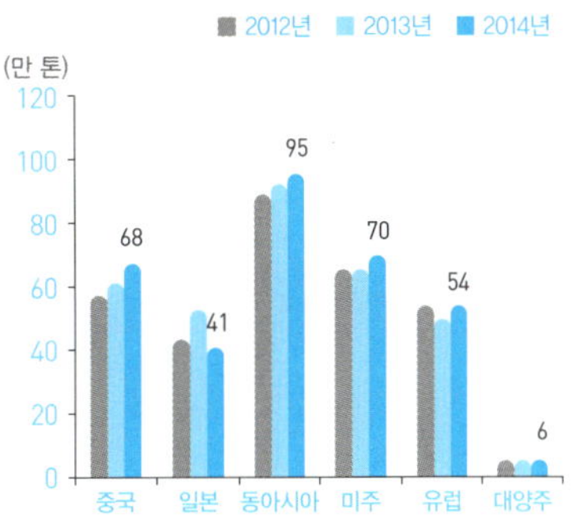

국제 화물의 지역별 실적은 일본을 제외한 전 지역(중국 10.7%, 미주 6.7%, 유럽 3.3%)에서 성장세를 보였다. 지역별 비중은 동아시아 28%, 중국 20%, 일본 12% 순으로 비중을 차지하고 있다.

항공시장 성장에 기여한 대한항공

대한항공의 여객운송사업의 노선별 구성(별도 매출 기준)을 살펴보면 (Fig 45), 미주 약 32%, 유럽 약 17%의 비중으로 장거리 노선 구성비가 48%에 달한다. 이는 국내 경쟁사인 아시아나항공의 노선 구성(미주 19%, 유럽 10%)과 비교 시, 확연하게 구별되는 부분이다.

화물운송사업의 경우(Fig 46) 미주 약 44%, 유럽 약 27%로 역시 장거리 비중이 컸으며 약 70%가 장거리 수요인 것으로 파악된다. 경쟁사인 아시아나항공 역시 미주 약 47%, 유럽 23%로 비슷한 양상을 보이고 있다.

지역별로는(Fig 47, 48) 여객운송사업의 경우 한국 지역의 매출이 절반에 가까운 비중을 차지하고 있고, 화물운송사업은 30%로 여객운송사업보다 적은 매출 비중을 구성하고 있다. 한국 이외 지역의 매출 비중은 여객의 경우 노선별 매출 비중과 비슷한 모습을 보이고 있으나 화물의 경우 중국이 24.4%, 미주가 13.5%의 비중을 보여, 노선별 매출 비중과는 사뭇 다른 모습임을 확인할 수 있다.

대한항공 여객운송사업 노선별 매출 비중

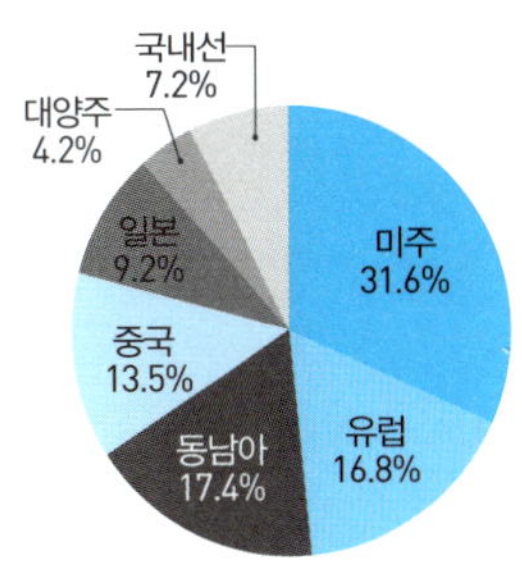

자료: 대한항공

대한항공 화물운송사업 노선별 매출 비중

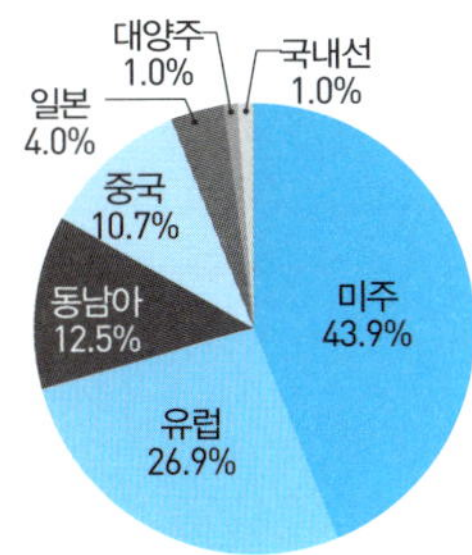

자료: 대한항공

대한항공 여객운송사업 지역별 매출 비중

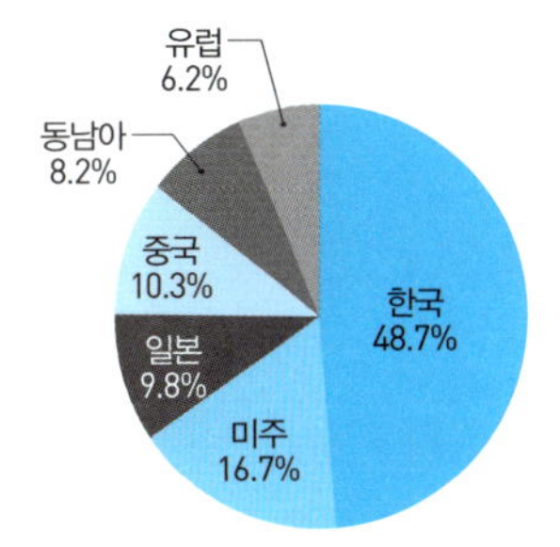

(2014년 연간 별도 매출 기준)
자료: 대한항공

대한항공 화물운송사업 지역별 매출 비중

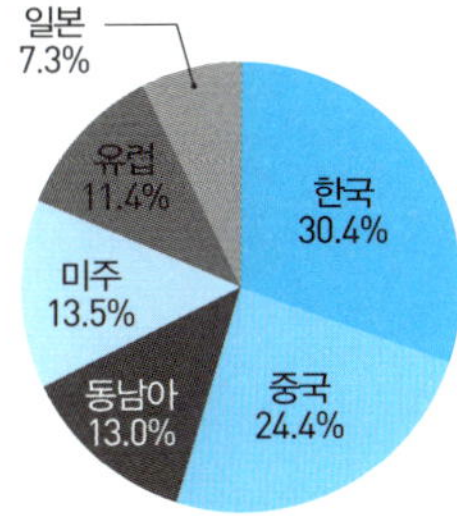

(2014년 연간 별도 매출 기준)
자료: 대한항공

멘토의 Tip ⑬　　저가항공 대응 전략 세우기

저가항공사의 공세에 대한 대응 전략을 다각도로 생각해봅시다.

한국은 대한항공의 여객운송사업 지역별 매출 비중에서 약 절반을 차지하고 있습니다. 하지만 저가항공사들의 국내 노선 점유율도 함께 높아지는 추세여서 대한항공으로서는 적극적인 대응 전략이 요구되는 상황입니다. 진에어라는 자회사가 있지만 때로는 동일한 노선을 두고 경쟁하는 모습도 종종 있습니다(설립 당시 진에어는 대한항공의 자회사였으나 2013년 8월 대한항공 인적분할을 통해 출범된 한진칼의 자회사로 바뀌었다). 갈수록 치열해지는 국내 항공사들 간의 노선 경쟁에서 대한항공은 어떻게 전략을 가져가야 할지 생각해보시기 바랍니다. 참고로 지역별 매출은 해당 지역에서 발생하는 매출로서 해당국 로컬 통화로 통계가 잡힙니다. 따라서 원화를 기준으로 대한항공의 매출을 산정할 때 해당국 환율의 움직임이 당연히 영향을 준다는 점을 참고하시기 바랍니다.

국내 저가항공사들의 노선 및 가격 전략을 살펴보면서 대한항공의 비교 우위를 어떻게 살려나가야 할지를 탐색하시기 바랍니다. 다만 관련 주제를 파악할 때 해당 내용과 함께 주변에서 나타나고 있는 트렌드 변화도 함께 챙겨봐야 보다 날카로운 시각을 가질 수 있습니다. 예를 들어, ▲ 최근 여행 트렌드가 패키지여행 상품 중심에서 자유여행으로 옮겨가고 있는 점 ▲ 승객들의 소형 항공기에 대한 불안감이 크게 해소되었다는 점 ▲ 연비 높은 비행기의 등장으로 저가 모델의 장거리 노선 취항에 경쟁력이 생길 수 있다는 점 등의 요인은 저가항공사의 노선 및 가격 전략이 어디를 향할지 짐작할 수 있는 단서가 됩니다.

02

생산·개발 선진화를
위한 노력

국내 항공기 생산 시장의 미약한 발전

2011년도 국내 항공우주산업의 생산액은 2조 6,000억 원이고, 수출액은 10억 달러 수준이다. 수입액은 46억 달러로 무역 적자는 36억 달러 규모로 파악된다. 2011년 국내 항공우주산업은 전 산업에서 생산 0.21%, 수출의 0.18 %를 차지하고 있으며, 매출액은 세계에서 15위에 해당하는 27억 달러 수준이나 세계 시장점유율 약 0.5%에 불과하다. 항공우주산업 기술은 일반적으로 설계기술, 제작가공기술, 부품소재기술, 시험평가기술, 관리기술 등 다섯 부문으로 나눌 수 있다. 우리나라는 군용기(KT-1, T-50, KUH) 개발사업을 통해 선진 수준의 완제기를 제작하는 기술을 보유하고 있으나, 핵심 부품과 소재 및 시험평가 기술은 다소 취약한 것으로 확인된다.

2011년 기준 항공우주 분야 업체 수는 110여 개로 이중 상위 3개 업체인 한국항공우주산업, 삼성테크윈, 대한항공이 전체 생산의 97%를 차지하고 있다. 그러나 선진 항공업체에 비하면 규모가 매우 작아, 국내 최대 기업인 한국항공우주산업의 세계 순위는 2011년 매출액 기준 57위에 불과하다.

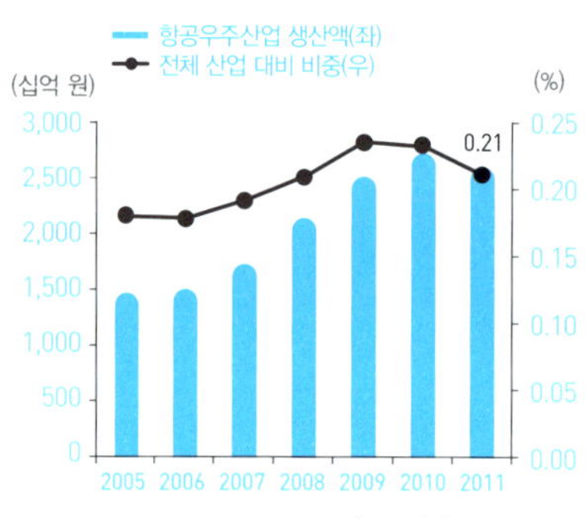

Fig 49

한국항공우주산업 생산액과 비중 추이

자료: 이베스트투자증권

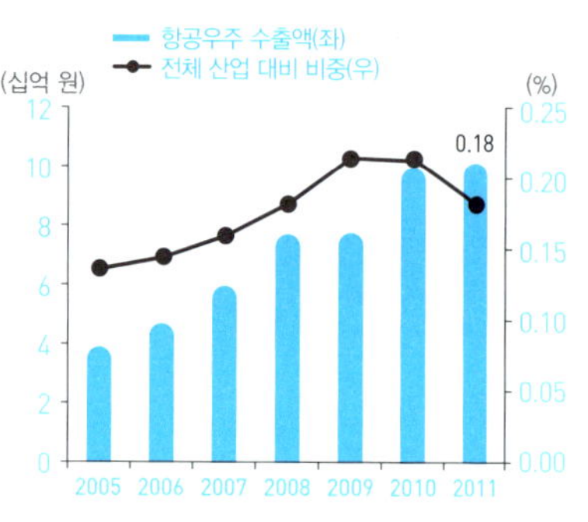

Fig 50

한국항공우주산업 수출액과 비중 추이

자료: 이베스트투자증권

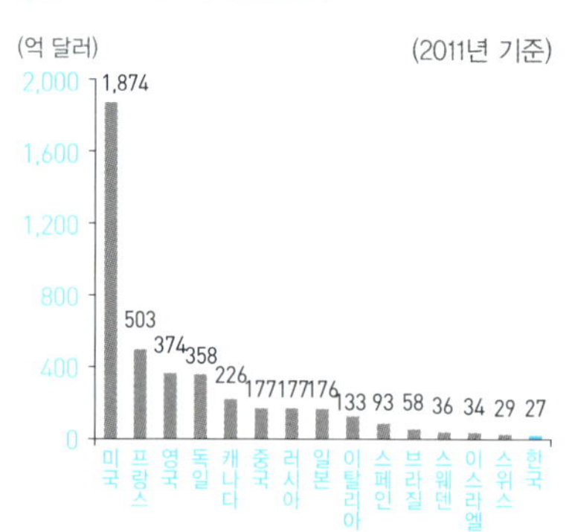

Fig 51

항공우주산업 국가별 순위

자료: 한국항공우주산업진흥협회

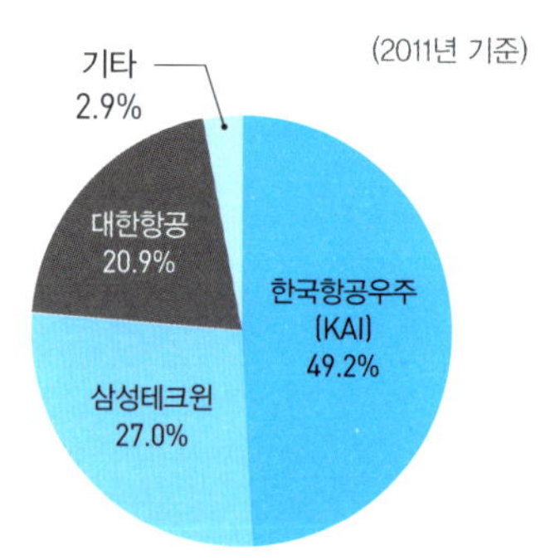

Fig 52

한국항공우주시장 업체별 점유율

자료: 이베스트투자증권

항공기 생산에 박차를 가하는 대한항공

대한항공의 항공우주사업본부는 1976년 대한민국 최초로 한국군 500MD 헬리콥터 생산을 시작으로 국내 최초로 항공기 제작 시대의 막을 열었다. 1980년대에는 국산 F-5E/F 초음속 전투기를 생산하여 항공산업의 새로운 이정표를 세웠다. 현재는 UH-1H, CH-47, F-4, C-130, P-3C 등의 한국군 항공기와 아시아·태평양 지역에 주둔하는 미군 전투기, 수송기 및 헬리콥터 창정비 작업과 기체를 보강하는 성능개량 사업을 수행하여 한국군 및 미군 전투력 유지에 기여하고 있다. 또한, 정부가 주관하는 특수임무항공기를 개발하는 사업에서 항공기 분야의 개발업체로도 참여하고 있으며, 2013년에는 해상초계기 P-3C 성능개량사업 계약을 체결하여 항공기 성능개량 전문업체로 사업 영역을 확대해나가고 있다.

군용기 사업뿐만 아니라 보잉, 에어버스 등 해외 유수 제작사에 각종 항공기 구조물을 개발·제작하여 공급해오고 있으며, 특히 보잉의 차세대 항공기인 B787 기종의 첨단 복합재 구조물, 에어버스 A350 기종의 카고도어Cargo Door, A320 기종의 샤크렛Sharklet 구조물도 성공적으로 설계·제작하고 있으며, 2013년에는 보잉의 최첨단 개발 기종인 B737 MAX의 윙렛Winglet 부품 공급자로 선정되었다.

민항기 중정비 분야에서는 40여 년간 축적된 최고 수준의 정비 능력과 대형 항공기인 보잉의 B747 항공기 3대를 동시에 정비할 수 있는 시설을 갖추고 있다. 또한 B747, B747-8, B777, A330, A300-600 등 타사 수주 항공기를 포함 연간 60여 대 규모의 민항기 중정비 작업을 수행하고 있다. 이 밖에도 항법, 전자, 유·공압, 연료계통 및 보조동력 공급장치 등 연간 약 25,000여 개 항공기의 부품정비 작업을 수행 중이다.

대한항공은 무인기사업 역시 구축하고 있다. 2012년 정부가 주관하는 대형 전략급 무인정찰기의 탐색개발사업을 성공적으로 완료하였고, 후속 체계를 개발하는 사업에 착수하여 2016년에 개발 완료를 목표로 하고 있다. 수직 이착륙이 가능한 틸트로터^{Tilt Rotor} 무인기는 2013년 회전익-고정익 천이비행(Transition Mode, 헬기를 비행기처럼 반대로 비행기를 헬기처럼 바꿔 조종하는 비행 방식)에 성공하였고 지속적으로 시스템 안정화 및 실용화 개발을 추진 중이다.

유인기의 무인화 기술개발을 위해 500MD 헬리콥터의 무인화 개조사업 또한 진행하고 있다. 2014년에는 사단 정찰용 무인기 체계를 개발하는 사업을 성공적으로 완료하여 국내 최초로 무인기의 형식인증

자료: 대한항공

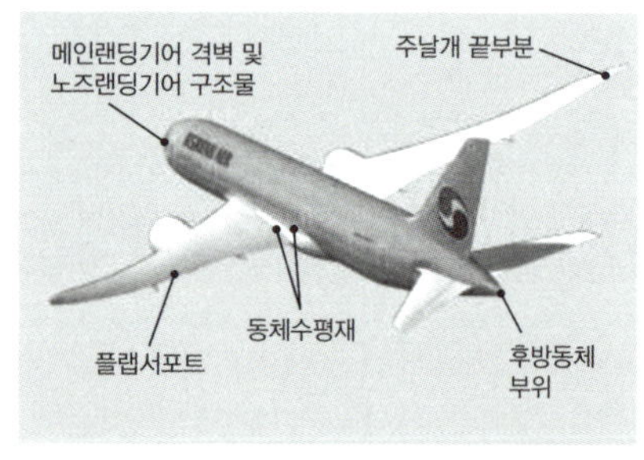

자료: 대한항공

을 획득하였다. 2015년에는 방위사업청과 양산 계약을 체결할 예정인 것으로 알려져 있다.

틸트로터 무인기는 회전날개Rotor를 비행 상황에 따라 기울일Tilt 수 있는 항공기. 현재 미국과 한국만이 틸트로터 기술을 개발했으며, 무인기에 이 기술을 적용해 실용화 단계까지 발전시킨 것은 한국이 유일하다.

매출 비중이 낮은 항공우주사업

대한항공의 2014년 연간 실적(11조 6,804억 원, 별도 기준)에서 사업 부문별 매출 구성비(Fig 56)는 여객이 60%로 가장 큰 비중을 차지하고 있다.

대한항공의 사업별 매출액 추이

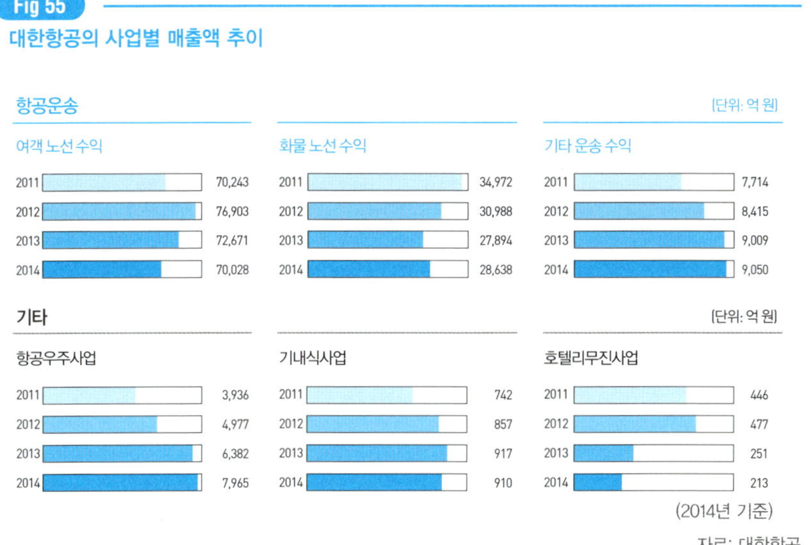

그다음이 화물사업으로 24.5%이며, 기타 사업이 7.8%, 기타 부대 및 노선 부대 사업이 각각 7.4%, 0.3%의 비중을 보이고 있다. 기타 사업에 속해 있는 항공우주사업은 부품 생산이 절반 이상이며(Fig 57), 항공기 정비사업이 36%, 완제기 및 무인기 제조사업이 10%의 비중을 차지하고 있다.

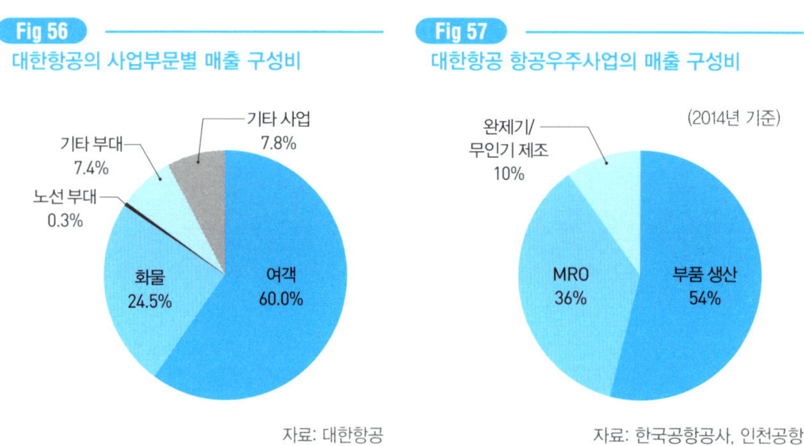

사업별 매출액 구성과 추이에 담긴 메시지를 해석해봅시다.

2011년 이후부터 최근까지의 대한항공 사업별 매출액 추이를 보면 여객과 화물 비중이 압도적으로 크지만 수익성은 정체 내지는 후퇴하는 모습입니다. 반면, 기타 운송(기내판매, 마일리지, 수하물, 지상조업 등)과 항공우주사업은 여러 시장 변수(유가, 환율, 저가항공과의 경쟁 등)에도 불구하고 성장세를 보입니다. 이는 대한항공의 장기 사업포트폴리오 방향에 대한 힌

트가 될 수 있습니다. 또한 대한항공이 안정적인 수익 창출이라는 관점에서 항공우주산업을 어떤 시각으로 바라봐야 할지에 대한 메시지이기도 합니다. 기타 운송 영역도 마찬가지입니다. 고객과 대면하는 현장의 모든 조직원들이 비즈니스 마인드를 가지고 전략적으로 움직이는 일 역시 회사의 미래에 매우 중요합니다. 때문에 회사는 기존 시스템 운영에 필요한 사람뿐 아니라, 가능성 있는 사업 분야에 뛰어들어 새로운 가치를 만들어낼 수 있는 역량과 마인드를 가진 사람을 원합니다. 자소서나 면접에서 이런 대한항공의 니즈를 터치할 수 있도록 노력해봅시다. 그러기 위해서는 관련 사업 영역에 대한 자신만의 이해와 탐색이 수반되어야 합니다.

KOREAN AIR

경영 이슈: 변화와 혁신을 대비하는 업계 선두 기업

항공업이 어려운 이유 중 하나는 바로 규제입니다. 대한항공 역시 정부의 규제에서 자유로울 수 없습니다. 반면, 선진국들은 규제 완화로 이미 항공자유화가 진행되었지요. 인수합병, 제휴 차원에서 항공자유화가 시장에 어떤 영향을 미치는지 알아보도록 합시다. 또한 저가항공의 등장과 변화하는 항공시장에 대한 대형항공사들의 전략에 대해서도 살펴봅니다.

01

항공 선진국을 향한 발판, 규제 완화

초기 고정투자 비용이 큰 특성상, 과거 항공운송산업은 국가에서 보호하고 육성하였다. 항공사들의 노선과 운임은 정부나 관련 기구에서 규제하였고, 이에 항공사들은 상황에 맞는 탄력적인 공급과 합리적인 운임으로 영업할 수 없었다. 미국의 경우 민간항공위원회CAB에 의해 노선권이 배정되었기 때문에 항공사들은 수익이 나지 않는 노선일지라도 운항해야 했다.

하지만 두 번의 오일쇼크 때 규제로 인한 비효율성이 드러났다. 오일쇼크는 항공수요의 감소와 유류비 증가로 이어졌고, 이로 인해 항공사들의 수익성이 악화되었다. 더불어 당시 항공운송산업은 국가에서 보조하는 산업이었기 때문에 이는 곧 국가 재정에 부담이 되는 요인으로 작용하였다. 이에 미국은 1977년 화물운송경쟁법을 시작으로, 유럽은 1988년 패키지의 단계적 시행으로 규제를 폐지하였다.

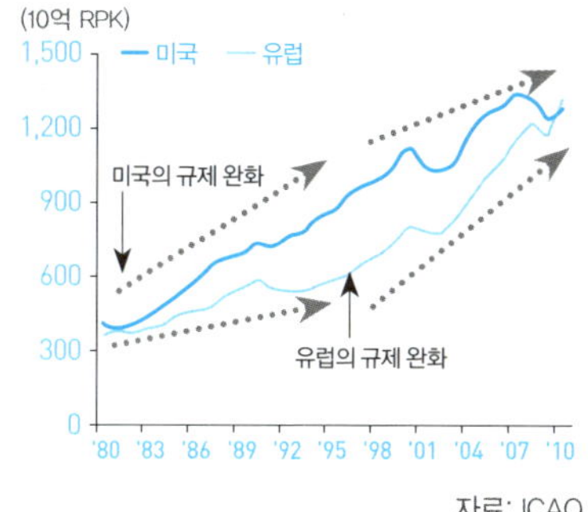

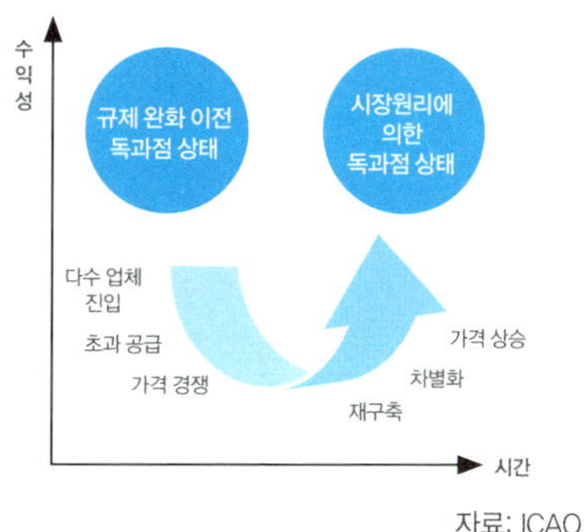

미국의 항공 규제 완화와 시장 확대

규제 완화를 제일 먼저 실시한 나라는 미국이다. 1977년 화물규제 완화법을 초두로 화물 관련 규제를 풀기 시작하면서 1978년 항공사 규제완화법안으로 국내선을, 1980년엔 국제운송경쟁법으로 국제선의 규제를 완화하였다. 민영항공사로 이루어져 있던 미국 항공운송산업은 민간항공위원회가 통제하였는데, 주로 신규 진입, 노선의 증편 및 신설, 운임 등을 제재하였다. 그러나 규제 완화 후 항공사가 스스로 결정할 수 있게 되었다.

규제 완화가 실시되고 처음으로 발생한 현상은 '다수 업체의 진입'이었다. 1978년부터 14년 동안 무려 168개사가 새롭게 설립되었다. 이처럼 과도한 진입은 초과공급이라는 문제점을 야기시켰고, 탑승률을 높이기 위해 항공사들은 가격 전쟁을 시작하게 되었다. 그러나 가격

인하 전략은 오히려 저요금 승객의 증가로 항공사의 수익률을 감소시켰다. 이렇게 경쟁이 심화되자 미국 항공사들은 살아남기 위해 허브앤스포크 시스템(Hub and Spoke System, 중심이 되는 허브를 두고 수많은 가지로 노선을 연결하는 방식. 적은 노선수로도 많은 지점을 연결할 수 있기 때문에 비용절감 효과가 크다는 것이 장점)을 도입하여 수익구조 변화를 꾀했다. 더불어 인수합병을 통해 신속한 시장 진입과 규모의 경제효과 등을 노렸고 항공자유화 협정을 통해 활동 영역을 넓혀나갔다.

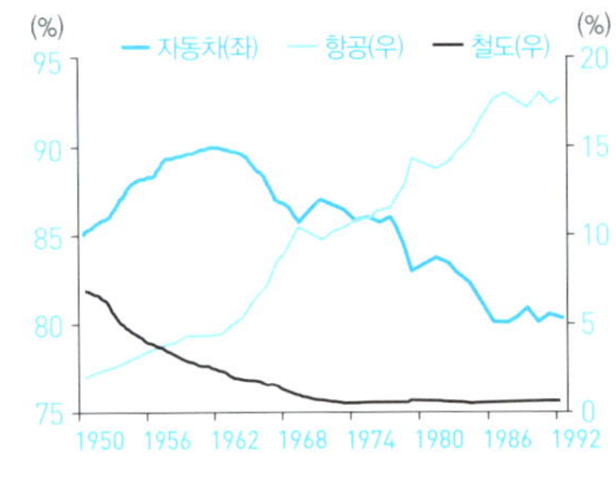

Fig 60
미국의 운송수단별 이용 비율 추이

자료: 이베스트투자증권

Fig 61
인수합병으로 인한 시장점유율 변화

항공사	시장점유율(%)		
	1977	1984	1992
아메리칸 에어캘리포니아 1987 트랜스월드항공 1991	12.6	12.0	20.4
델타 웨스턴 1987	9.7	8.9	17.7
유나이티드 팬아메리칸월드항공	16.2	15.1	17.7
노스웨스트항공 리퍼블릭 1980	5.7	6.5	11.9
US항공 사우스웨스트퍼시픽 1998	1.9	2.7	8.1

자료: 이베스트투자증권

멘토의 Tip ⑮ 페덱스 전략의 시사점 파악하기

페덱스의 물류 전략에서 시사점을 파악해봅시다.
대한항공의 운송사업을 이해하기 위해서 미국 페덱스의 물류 수송 전략을 참고할 만합니다. 미국 항공사들이 생존을 위해 '허브앤스포크'

전략을 구사했다는 얘기가 나오는데, 실제로 이 개념은 페덱스의 회장을 지
낸 프레드릭 스미스가 1968년 예일대학에 제출한 논문에서 출발했습니다.
페덱스는 이 전략을 성공적으로 활용한 대표적인 기업으로 꼽힙니다. 여객
운송기업은 아니지만 항공화물의 절대 강자인 만큼 페덱스가 구사해온 전
략들을 이해해두면 좋겠습니다. 페덱스 외에 월마트, 스타벅스 등도 적극
적으로 이 전략을 도입한 사례로 인용되고 있습니다.

관련 자료 찾아보기 ⑪
검색 키워드, '페덱스 전략'

'페덱스 전략'을 키워드로 검색해보면 서비스와 마케팅 전략을 어떻게 구
사하고 있는지 그리고 그들의 성공 요인은 무엇이었는지를 확인할 수 있습
니다.

유럽의 항공자유화와 단일 항공시장

미국 다음으로 규제 완화를 시행한 곳은 유럽이다. 유럽은 1988년
부터 규제 완화를 패키지 I, II, III으로 나눠 단계적으로 실시해나갔다.
유럽은 미국과 달리 국내선 수요가 빈약하여 유럽공동체와 연계한 역
내 단일 항공시장을 완성시켰다. 확대된 시장 안에서 국내운항 Cabotage
자유화도 실시되어 항공사들의 사업 기회도 크게 증가되었다. 그러나
유럽의 경우 저가항공사의 진입으로 운임이 크게 하락하였고, 이에
대형항공사는 민영화를 통해 인건비 감소, 비용 절감 등으로 경쟁력

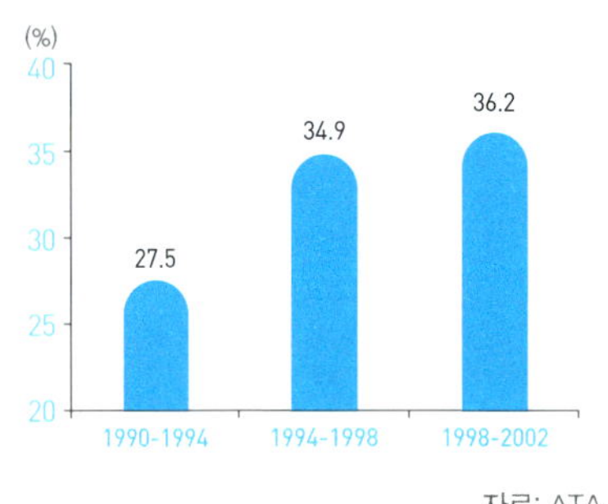

을 제고시켰다.

이미 항공자유화가 진전되어 있었던 미국과의 경쟁에서 미국과 유럽 사이의 황금노선인 북태평양 노선을 두고 유럽은 상대적으로 불리한 상황이었다. 실제로 1978년 44%에 불과했던 미국 항공사 점유율이 1988년에는 49.2%까지 육박했다. 이에 유럽 항공사들은 전략적 합병과 제휴를 통해 공동운항, 공동운임, 운항편명 공동사용 같은 형태로 간접적인 운항 효과를 노렸다. 이를 통해 잠재 고객을 확보하고 비용 절감을 추구할 수 있었다.

규제 완화, 이제 아시아 차례

최근 아시아 지역도 규제 완화 움직임이 포착되고 있다. 우리는 앞서 규제 완화와 그 과정을 먼저 겪은 미국과 유럽의 사례를 통해 항공운송산업 구조의 변화와 항공사들이 겪었던 과정을 가늠할 수 있었다. 물론 미국과 유럽, 그리고 아시아가 태생적으로 지니고 있는 지리적 환경이나 경제 성장 강도 등에서 차이는 존재하겠지만, '역사는 미래의 거울'이라는 말처럼 향후 일어날 변화에 대해 가늠할 수 있는 계기가 될 것이다.

a. 일본 2002년, 한국 2007년 규제 완화

일본 정부는 2002년 국내 및 국제선에 대하여 가격, 진입 규제 등에 대한 폭넓은 규제 완화를 시행하였다. 가격 규제의 경우 영업정책적 할인운임 설정의 탄력화 및 구간 운임 제도가 실시되어 수요자의 항공사 선택 폭이 넓어지고 운임도 낮아졌다. 시장 진입 제도는 노선별 면허제를 폐지하고, 안전 측면의 심사를 중심으로 한 사업별 허가제로 변경하여 항공사의 노선 설정을 자율화하였다.

한국은 일본보다 늦은 2007년 항공시장을 개방하는 정책을 시행하였으며, 2009년 9월에는 항공법 개정을 통하여 진입 장벽도 크게 낮췄다. 국내 항공운송사업의 면허 기준은 항공기 1대 이상에 자본금 50억 원, 국제 항공운송사업은 항공기 3대에 자본금 150억 원으로 규제를 완화하였다. 또한 기존 국제선 취항 허가에 관한 내부 지침인 '국내선 1년간 1만 회 무사망사고' 조항도 폐지해 곧바로 국제선 취항이 가능하도록 변경하였다.

b. 한국이 일본보다 항공자유화는 앞서

한편, 타 국가와의 운항 제약 등을 없애 항공의 수요와 공급을 시장 기능에 맡기는 항공자유화의 경우, 한국이 일본보다 앞서가는 상황이다. 일본은 장기적인 경기 침체로 인해 항공시장의 국제 경쟁력 역시 약화되어 항공자유화보다는 자국 항공사의 경쟁력 강화를 내세운 보호주의 정책을 견지하였다. 물론 2007년 '아시안 게이트웨이'라는 항공자유화 정책을 구상하고 다시 항공자유화에 대해 긍정적인 입장을 견지하고 있지만, 현재 십여 개의 나라와 항공자유화협정을 체결한 상황에 불과하다. 이는 항공자유화협정의 특성상, 체결까지 상당한 시간이 소요되기 때문이다.

이에 비해 우리나라는 동북아 3개국 중 적극적인 입장으로 항공자유화를 추진하고 있다. 특히 1998년 미국과의 항공자유화를 시작으로 수년간 정체되어 있던 국내 항공사들의 급성장을 이끌어냈다는 평가를 받고 있다. 현재 우리나라 여객자유화는 23개국, 화물자유화는 36개국에 각각 합의하였으며 앞으로도 자국에 긍정적인 영향이 예상된다면 적극적으로 항공자유화를 추진할 것이라 표명하였다.

c. 중국은 규제 완화에 아직 소극적

반면, 중국은 다소 소극적인 모습이다. 자국의 항공시장을 보호한다는 이유로 항공자유화를 꺼리기 때문이다. 하지만 급격히 성장하는 해외여행수요, 국내선끼리의 경쟁이 심화되는 등의 문제가 불거지면 중국도 규제 완화 및 항공자유화를 실행하게 될 것이다. 더불어 유럽

한국의 항공자유화 현황

(2013년 말 기준)

국가	여객			화물			비고
	체결 여부	범위	체결일	체결 여부	범위	체결일	
몰디브	○	3~4	'86.10.22	○	3~4	'86.10.22	
미국	○	3~5	'98.4.23	○	3~5	'98.4.23	
중국	○	3~4	'06.6.16	○	3~4 (산둥성·해남성)	'06.6.16	일부 지역 (산둥·해남성) 지방: 즉시 서울: 2013년 동계~
홍콩	○	3~4	'12.12.21	-	-	-	
태국	○	3~4	'06. 5.23	○	3~4	'04.4.29	
베트남	○	3~4	'06. 4.13 ('08.1.1부)	○	3~4	'06. 4.13	
미얀마	○	3~4	'06. 9. 8 ('10.4.1부)	○	3~5	'06. 9. 8 ('10.4.1부)	
캄보디아	○	3~4	'06. 9. 4 ('10.1.1부)	○	3~5	'06. 9. 4 ('10.1.1부)	
칠레	○	3~5	'01. 5.11	○	3~5	'01. 5.11	
페루	○	3~4	'11.11.13	○	3~5	'11.11.13·30	
독일	-	-	-	○	3~4	'01. 8.24	
우크라이나	○	3~4	'06.11.22 ('10.1.1부)	○	3~5	'06.11.22 ('10.1.1부)	
호주	-	-	-	○	3~4 5	'98.12.15 '07.8.23	
인도	-	-	-	○	3~5	'91. 3.27	
오스트리아	-	-	-	○	3~4	'96. 3.12	
북구3국	-	-	-	○	3~4	'00. 7.11	
스리랑카	○	3~4	'07.7.25	○	3~5	'97. 2.26	
케냐	○	3~4	'07.4.27	○	3~5	'05.11.24	
핀란드	-	-	-	○	3~4	'06.11. 9	
아제르바이잔	○	3~4	'06.12.22	○	3~4	'06.12.22	
말레이시아	○	3~4	'07. 1.12	○	3~5	'07. 1.12	
그리스	-	-	-	○	3~5	'07. 5.3	
일본	○	3~4 (동경 제외)	'07. 8.2	○	3~4 (동경 제외)	'07. 8.2	일부 지역
마카오	○	3~4	'11.11.23	○	3~4	'08. 2.27	
남아공	-	-	-	○	3~4	'08. 4.24	
우즈베키스탄	-	-	-	○	3~4 (타쉬켄트공항)	'08. 5.1	
멕시코	○	3~4	'08.6.27	○	3~4	'08.6.27	
캐나다	○	3~6	'08.11.19	○	3~7	'08.11.19	
튀니지	○	3~4	'09.5.12	○	3~4	'09.5.12	
벨라루스	○	3~4	'09.5.27	○	3~4	'09.5.27	
파키스탄	-	-	-	○	3~4	'10.2.24	
브라질	○	3~5	'10.6.29	○	3~5	'10.6.29	
스페인	○	3~4	'11.5.4	○	3~4	'11.5.4	
라오스	○	3~4	'11.9.1	○	3~4	'11.9.1	
에콰도르	○	3~5	'11.9.6	○	3~5	'11.9.6	
파라과이	○	3~5	'12.5.22	○	3~5, 7	'12.5.22	
파나마	○	3~5	'12.6.20	○	3~5	'12.6.20	
아르헨티나	-	-	-	○	3~4	'13.4.25	

주: 범위는 항공운수권 단계를 뜻한다.
자료: 이베스트투자증권

과 같이 동북아시아 경제협력기구를 바탕으로 항공자유화의 길이 열린다면 더욱 더 큰 시너지 효과를 기대할 수 있을 것이다.

멘토의 *Tip* ⑯　　　중국 항공시장 자유화 이해하기

중국의 항공시장 자유화를 주제로 관련 내용들을 파악해봅시다.

정부의 항공시장 자유화 조치가 항공업계에는 성장의 촉매가 되지만, 또 한편으로는 무한 경쟁의 출발점이 되기도 합니다. 국내에서는 이미 일본보다 높은 수준의 자유화가 이뤄졌다는 점을 잘 이해하고, 앞으로 중국의 시장자유화 조치가 대한항공에 어떤 기회 요인과 리스크 요인으로 작용할지에 대해 생각하시기 바랍니다.

관련 자료 찾아보기 ⑫
검색 키워드, '항공시장 자유화'

'항공시장 자유화'를 키워드로 미국과 유럽의 시장 자유화 조치가 항공산업에 어떤 변화를 주었는지 파악해보시기 바랍니다. 또한 〈항공자유화 협정이 한중 시장에 미친 영향에 관한 실증 연구〉 같은 논문을 보면 세계 여러 국가들과 체결한 항공협정의 내용은 물론 주요 시장인 중국의 시장 환경을 이해하는 데 유용합니다.

02

항공사 인수합병, 그리고 제휴

미국 국내선 시장을 점령한 인수합병

미국의 국내선 항공 요금이 지속적으로 상승하고 있다(Fig 66). ARC (Airline Reporting Corp)에서 공개하는 데이터에 따르면, 시카고발 샌프란시스코행 논스탑 왕복권 가격은 2012년 7월 318달러였으나 2013년에는 510달러 수준으로 60% 올랐다. 시카고에서 덴버까지의 요금도 248달러에서 344달러로 38% 인상됐다.

이렇듯 미국 국내선 항공 요금이 지속적으로 상승할 수 있었던 이유는 항공사들의 의도적인 운송 규모 및 운항 횟수 축소와 항공사들의 합병으로 일부 노선에서 가격 경쟁이 사라졌기 때문이다. 2013년 2월에는 미국 내 3위 아메리칸항공과 5위인 US에어웨이스US Airways가 합병했고 앞서 2008년에는 델타항공과 노스웨스트항공NWA이 합병해 회사 규모를 키웠다. 또 2010년 10월에는 유나이티드항공과 컨티넨탈항공이 합병 작업을 마무리했다. 이러한 합병 작업으로 세 항공사가 차지하는 국내선 점유율은 무려 70%에 달한다.

미국 국내선 공급량 추이 – 의도적인 공급 축소로 공급이 하락

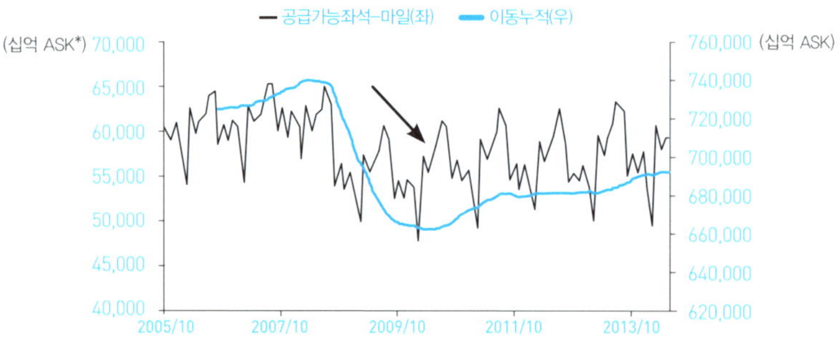

*ASK(Available Seat Kilometers)는 유효좌석킬로미터로, 항공사의 총공급운송량을 나타낸다.
자료: DOT

미국 국내선의 탑승률과 운임 추이 – 공급이 하락함에 따라 운임이 상승

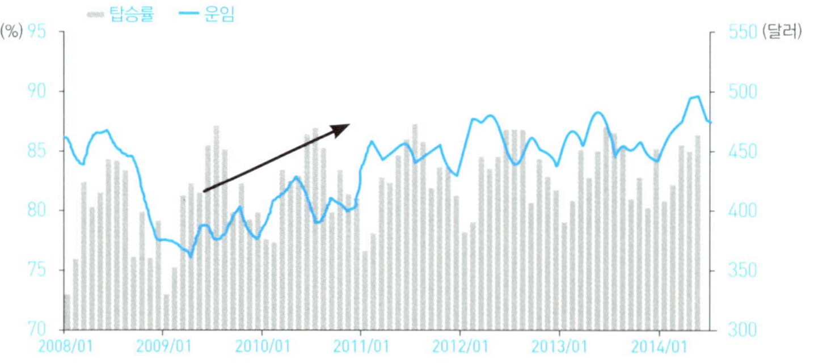

자료: DOT

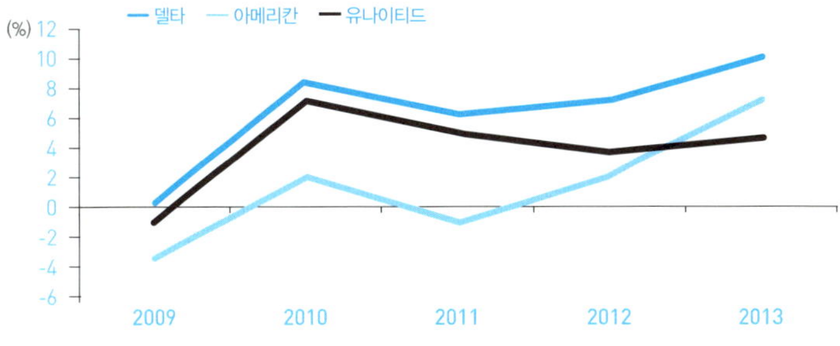

멘토의 Tip ⑰　　　　　　　미국 항공업의 스토리 이해하기

미국 항공업계의 합종연횡 스토리를 체크해봅시다.

세계 항공산업의 메카는 미국이므로 미국 항공업계의 합종연횡 스토리 정도는 이해하시기 바랍니다. 참고로 최근 합병 추이를 보면 2008년 델타항공은 미국 내 5위 노스웨스트항공과 합병하면서, 2010년에는 유나이티드항공이 컨티넨탈항공과 합병하면서, 2013년에는 아메리칸항공이 US에어웨이즈와 합병하면서 각각 세계 최대 항공사가 되었습니다. 보통 세계 최대 항공사로 삼는 기준은 항공기 보유 대수와 승객 수입니다.

관련 자료 찾아보기 ⑬
검색 키워드, '미국 항공산업 역사'

'미국 국내선 항공산업', '미국 항공산업 미래' 등을 키워드로 미국 항공산

업이 어떻게 흘러가고 있는지 분석해보시기 바랍니다. 일례로 2008년 아메리칸항공은 무료 수하물을 없애버렸는데, 이후 미국 대다수 항공사들이 무료 수하물 제도를 운영하지 않고 있습니다. 반면, 사우스웨스트항공 같은 경우는 이와 정반대 마케팅 전략을 취하고 있기도 합니다. 비행기 하단에 'FREE BAGS FLY HERE(무료 수화물이 화물칸에서 같이 날아요)' 그리고 화물 이동용 차량에 'I CARRY FREE BAGS(저는 무료 수화물을 이동시키고 있답니다)' 같은 광고 문구를 보여주면서 수화물이 '무료'라는 이미지를 크게 부각시키고 있습니다. 또한 미국의 1978년, 일본의 2002년 항공산업 규제 완화 이후 각국에 어떤 변화가 나타났는지도 간략하게 정리해볼 필요가 있습니다. 2010년 일본항공JAL이 법정 관리를 신청한 것처럼 등 규제 완화 이후 경쟁력을 갖추지 못한 기업이 파산한 경우가 많았는데요. 앞으로 우리나라에서 항공시장과 항공산업 규제 완화가 본격적으로 시행되면 대한항공이 어떤 경쟁력을 더 확보해둬야 할지 등의 관점에서도 고민해보시기 바랍니다.

항공사 간의 동맹, 합작사 설립

기업의 인수합병은 단순히 업무를 제휴하거나 지분을 교환하는 것에 의한 제휴보다 관계의 긴밀성과 연대성, 항공기의 승무원 운용, 구매와 자금 차입 능력, 소비자에 대한 기업 이미지 제고 측면에서 유리하다. 또한 경쟁이 가능한 기업으로 규모를 형성하여 다양한 허브를 확보하고 시장지배력을 강화할 수 있다.

그러나 국적 항공사와 외국 항공사 간의 인수합병은 국가에서 추진하기 어렵다. 싱가포르는 경우에 따라 예외가 있으나 대부분의 국가에서는 외국인의 자국 항공사 소유에 대해서 엄격히 규제를 하기 때문이다. 예를 들어, 미국에서는 국내 항공운송을 담당하는 항공사는 미국 국적이어야 하고, 외국 소유의 항공사는 국내 시장에 참여할 수 없다. 미국 국적이라는 요건을 충족하기 위해서는 최소의결권이 있는 주식의 75% 이상을 미국인으로 구성해야 한다. 유럽연합^{EU}도 이와 유사한 규정을 두고 있는데, 외국 자본이 소유할 수 있는 유럽 국적의 항공사 지분을 49.9%로 제한하고 있다.

이와 같이 자국 항공사에 대한 외국인의 지분 보유 제한으로 국적 항공사와 외국 항공사 간의 결합은 사실상 어렵다. 그러나 동맹^{Alliance} 형태 중 인수합병 효과에 상응하는 형태가 있다. 바로 합작사(JV: Joint Venture)설립이다.

동맹 형태 중에서 합작사협정은 독점금지의 면제가 부여되기 때문에 인수합병을 대체하는 수단이 된다. 항공사들은 합작사 설립을 통해 매출이나 수익을 공유하게 되며 운항할 수 없는 먼 지역으로 시장을 확장하고, 운수권이 없는 지역도 제휴를 통해 운항할 수 있다. 또한 항공 상품은 공급을 확대함으로써 결과적으로 잠재적 시장을 넓히는 결과를 가져올 수 있고 새로운 노선을 추가하는 데 발생하는 경제적 위험을 감소시키는 효과도 누릴 수 있어 최근 항공사 간 합작사 설립이 빈번해지고 있다.

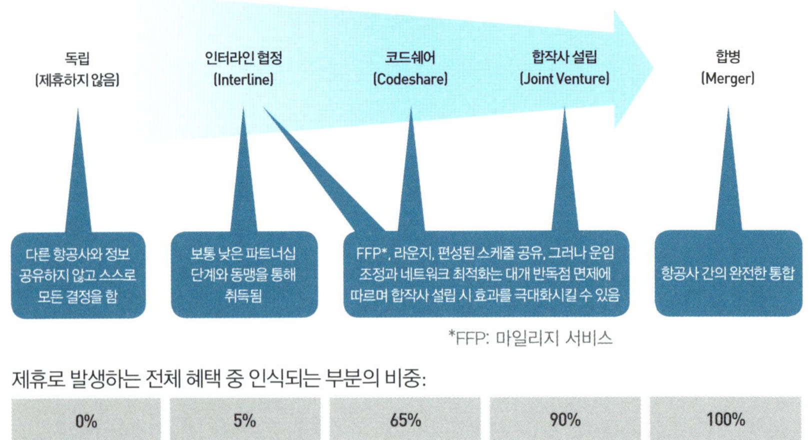

제휴로 발생하는 전체 혜택 중 인식되는 부분의 비중:

0%	5%	65%	90%	100%

자료: 이베스트투자증권

멘토의 *Tip* ⑱ — 제휴 프로그램 이해 넓히기

항공업의 제휴 프로그램에 대한 이해의 폭을 넓혀봅시다.

대한항공의 경우 항공법에 따라 외국인의 주식 지분 한도가 49.99%로 제한되어 있습니다. 아시아나항공도 마찬가지입니다. 항공업 외에도 통신사, 방송사, 가스공사 등도 관련 법에 따라 외국인의 지분 한도가 일정 수준을 넘을 수 없도록 하고 있다는 점을 참고하시기 바랍니다. 그래서 항공업종의 경우, 인수합병보다는 다양한 제휴 프로그램을 통해 각자의 이해관계를 추구하는 모습입니다.

'항공사 글로벌 제휴'를 키워드로 검색해서 구체적으로 어떤 제휴 프로그램이 있는지 그리고 어떤 효과를 노리고 있는지 등을 파악해보시기 바랍니다.

더 알아보기 - 항공사 간의 다양한 동맹 방법

• 코드쉐어Codeshare 식 수익 배분 방법

코드쉐어의 방식은 시트스왑Seat Swap, 시트블락Seat Block, 코스트풀링Cost Pooling, 프리쉐어Free Share 이렇게 네 가지 방법이 있다.

우선, 시트스왑 방식은 실제 운항사에 항공편 운영 비용의 일부를 지불하고 나머지 판매 수익을 마케팅을 펼친 판매 항공사가 다 받아가는 것이다. 장점은 따로 정산할 필요가 없다는 점과 운임을 판매사가 정할 수 있다는 점이다. 단점의 경우 판매 회사와 운항사 사이에 수익불균형이 생길 수 있다는 것이다. 한때 대한항공과 델타항공이 이 방식으로 공동운항을 했었다.

시트블락 방식은 운영 항공사가 좌석 일부를 마케팅 항공사에게 판매하는 것으로, 받은 좌석에 대한 판매권은 마케팅 항공사에게 넘어가는 방식이다. 시트블락 방식은 다시 하드블락Hard Block과 소프트블락Soft Block으로 나뉘는데 하드블락은 운영 항공사에게 받은 좌석의 판매 유무와 관계없이 마케팅 항공사가 공급받는 좌석에 대한 비용을 운영하는 항공사에게 무조건 정산하여 지불해야 하는 것이고, 소프트블락은 판매가 되지 않는 좌석은 반납 가능한, 즉 판매된 좌석만 정산하여 지불하는 방식이다.

코스트풀링 방식은 항공사 간에 코드쉐어 운항 승객 수에 미리 합의해둔 수입 단위로 계산해 합산된 수익에 대한 운항 비용을 공급 비율로 분배하는 형태이다. 제한된 범위를 지정하여 특정 항공사가 적자를 시현하는 것을 막기 위한 방법으로 알려져 있다. 주로 루프트한자가 이용한다고 한다.

마지막으로 프리쉐어 방식은 좌석 공급에 대해 정해진 기준을 두지 않고 무제한적으로 공급을 하는 형태로 모기업과 자회사 간에 쉽게 찾아볼 수 있는 방법이다. 보통 모기업과 자회사는 서로 예약시스템이 통합되어 있기 때문이다. 어느 쪽이 판매하든 관계없이 모두 모기업의 매출로 인식이 된다. 에어프랑스와 네덜란드항공이 주로 이용한다고 한다. 국내에서는 아시아나항공과 에어부산의 국내선 코드쉐어 구간이 해당된다.

• 합작투자JV란?

2개국 이상의 기업·개인·정부기관이 영구적인 기반 아래 특정 기업체 운영에 공동으로 참여하는 국제 경영 방식으로 전체 참여자가 공동으로 소유권을 갖는다. 공동소유의 대상은 주식자본, 채무, 무형고정자산(특허권·의장권·상표권·영업권 등), 경영 노하우, 기술 노하우, 유형고정자산(기계·설비·투자 등) 등에 이르기까지 다양하다. 기업들이 소유권과 경영을 분담하여 자본과 기술 등 상대방 기업이 소유하고 있는 강점을 이용할 수 있고 위험을 분담한다는 점에서 상호이익이 되는 해외 투자 방식이다.

• 인수합병M&A이란?

인수합병의 목적은 기존 기업의 내적 성장 한계를 극복하고 신규 사업 참여에 소요되는 기간과 투자비용의 절감, 경영상의 노하우, 숙련된 전문 인력 및 기업의 대외적 신용 확보, 경쟁사 인수를 통한 시장점유율 확대, 경쟁 기업의 주식 매입을 통한 인수합병 대비, 자산가치가 높은 기업을 인수한 뒤 매각을 하여 차익 획득 등 여러 가지가 있다.

활발해진 글로벌 항공사의 동맹 체제

a. 루프트한자항공의 최근 행보

2014년 7월 에어차이나와 루프트한자항공이 현재의 파트너십을 보다 강화하기 위해 합작투자JV를 형성하기로 합의했다. 스타얼라이언스 멤버인 두 항공사는 합작사를 통해 중국과 유럽 노선에서 긴밀한 협력관계를 유지할 것으로 보인다. 루프트한자의 이러한 행보는 처음이 아니다. 루프트한자는 이미 유럽과 북미 노선에서 유나이티드항공, 에어캐나다와 협력관계를 맺고 있고 일본과 유럽 노선에는 전일본공수ANA와 협력관계를 맺고 있다.

루프트한자 이 외에도 유럽 항공사 브리티시에어라인과 에어프랑스-네덜란드항공(KLM, 에어프랑스가 2004년에 네덜란드항공을 인수)도 중국 항공사와의 협력 방안을 검토 중이라고 한다.

b. 합작사 설립은 2009년부터 활성화

루프트한자와 같은 방법으로 항공사들이 합작법인을 통해 특정 시장 공략에 박차를 가하는 추세다. 합작사 설립에 적극적인 항공사들은 주로 코드쉐어를 선도했던 북미 및 유럽 항공사들로, 2009년 델타항공과 에어프랑스가 대서양 노선을 위한 합작사를 설립한 이래 최근 몇 년 새 빈번하게 형성되고 있다.

일본 항공사들도 동참하는 분위기다. 2011년부터 전일본공수는 유나이티드항공과, 일본항공은 아메리칸항공과 각각 합작사를 설립해

적극적인 협력에 나서고 있다.

c. 저가항공사, 동맹 체제 구축 시작

저가항공사들도 동맹 구축에 대한 시도를 하고 있다. 지난 2011년 에어아시아, 에어아시아엑스AirAsiaX, 말레이시아항공Malaysia Airlines은 주식을 맞교환하고, 다양한 분야에서 공동으로 사업할 기회를 모색하기 위해 포괄적협력체제CCF를 체결한 바 있다. 이는 동남아 최초 메이저 제휴로, 향후 동남아에 항공업계의 인수합병 및 합작 사업의 모델이 될 것으로 기대되고 있다.

에어아시아와 에어아시아엑스는 신규 항공 노선과 목적지를 발굴하고 보다 저렴한 항공 운임을 제공함으로써 고객 규모를 증대시키는 데 주력할 방침이다. 반면, 말레이시아항공은 동맹을 통하여 저가항

Fig 69

항공사 간 합작사 설립 추이

연도	파트너	분배 매커니즘
2009	에어캐나다, 루프트한자, 유나이티드	매출
2009~2010	델타, 에어프랑스, 네덜란드항공, 알리탈리아	수익
2010	아메리칸항공, 영국항공, 이베리아	매출
2011	전일본공수, 유나이티드	매출
2011	아메리칸항공, 일본항공	매출
2011	델타, 버진오스트레일리아	매출
2012~2013	전일본공수, 루프트한자, 오스트리안, 스위스항공	매출
2013	콴타스, 에미레이트	매출
2013	영국항공, 일본항공, 핀에어	매출
2013	델타, 버진아틀란틱	수익

자료: 이베스트투자증권

공사업을 중단하고, 말레이시아항공의 프리미엄 자회사인 사파이어
Sapphire와 프리미엄 시장을 집중적으로 공략할 방침이다.

멘토의 Tip ⑲　　　　　　　　　　　　　**합작과 동맹 살펴보기**

합작과 동맹의 주요 내용들을 세밀하게 체크해봅시다.

최근 항공업 내에는 합작과 동맹이 키워드가 되고 있습니다. 대한항공으로서도 이런 흐름에 관심이 높을 수밖에 없는 만큼 그 내용들을 잘 이해하고 대한항공의 대응 전략에 대해서도 생각하시기 바랍니다.

관련 자료 찾아보기 ⑮
이베스트증권, 〈항공산업 분석보고서〉

최근 항공산업의 변화와 이슈들을 점검하려면 이베스트증권에서 2014년 8월 발간한 〈항공산업 분석보고서〉를 온라인에서 다운받아 읽어보시기 바랍니다.

글로벌 시장에 닥친
저가항공의 돌풍

시장 속으로 빠르게 침투하는 저가항공

글로벌 시장에 저가항공사의 돌풍이 불고 있다. 전통적인 항공사들이 보수적인 입장을 취하는 반면 새롭게 등장한 신생 저가항공사(LCC: Low Cost Carrier)들은 사업을 확장하며 빠른 속도로 핵심 시장으로 진출 중이다.

글로벌 항공시장의 저가항공사 침투율은 2001년 8.0%에 불과했으나 2014년 6월 기준 27.1%까지 높아졌다. 10여 년 동안 3배 이상 늘어난 것이다. 현재 전 세계 저가항공사는 130개로 전체 항공사 수의 10%에 해당하는 수준이며, 지역별로는 아시아와 유럽이 각각 51개, 31개로 가장 많은 저가항공사를 운항하고 있다고 한다.

시장침투율이 늘어난 만큼 공급량도 늘었다. 전 세계 항공시장을 기준으로 좌석 공급량 Top 10 항공사를 꼽아보면(Fig 71), 놀랍게도 10개 항공사 중 저가항공사가 두 곳(사우스웨스트, 라이언에어)이나 포함되어 있다. 좌석 공급량 Top 30 항공사 안에는 총 다섯 곳(사우스웨스트, 라이언에어, 이지젯, 라이온에어, 제트블루, 에어웨이)이 순위 안에 자리를 잡고 있다.

아시아에서 홍콩과 싱가포르 국제공항을 통해 비싼 항공사들이 장

저가항공사의 글로벌 항공시장 침투율 추이

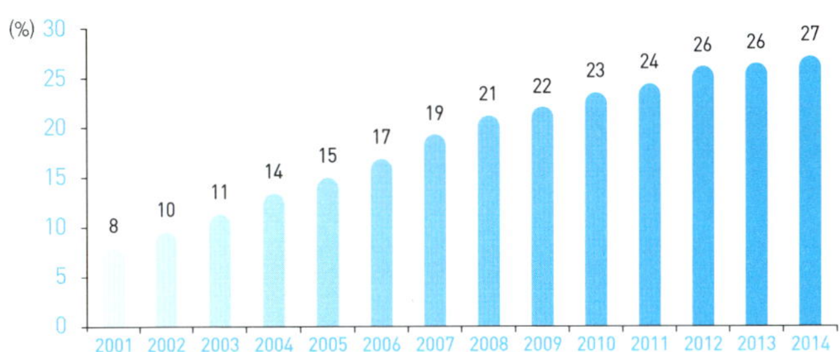

(2014년은 6월 누적 기준 데이터)
자료: 이베스트투자증권

글로벌 항공사 좌석 공급량 Top 10

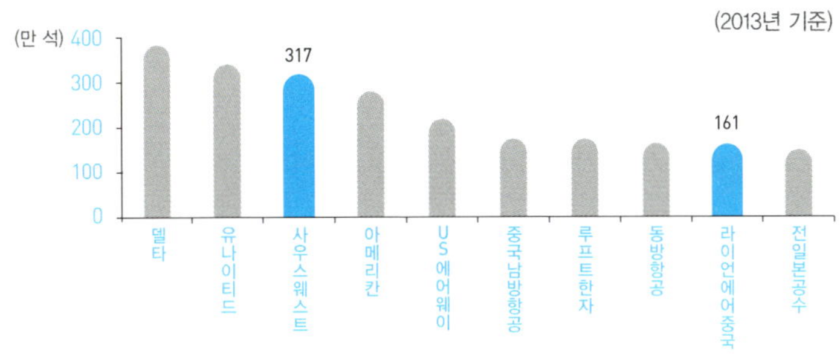

자료: CAPA

악해왔던, 비행시간 8시간 이상의 장거리 노선에 저가항공사의 진출
이 활발해지고 있다. 말레이시아의 에어아시아엑스, 싱가포르의 스쿠
트Scoot, 타이거에어Tigerair, 발루항공Valuair, 호주 젯스타Jetstar 등이 집중
공략을 하고 있기 때문이다.

　이러한 변화는 미국과 유럽 저가항공사들까지 변화시켰다. 이들은
에어아시아 등 아시아권 저가항공사들이 중장거리 노선을 앞세워 약
진하자 전략을 바꾼 것이다. 미국 최대 저가항공사인 사우스웨스트항
공은 카리브해 3개국에 취항했고 향후 중남미권으로 노선을 확대할
예정이다. 유럽 3위 저가항공사인 노르웨이항공은 유럽 저가항공사
최초로 대서양 횡단 노선을 개설했다. 이 회사는 차후 동남아 노선 진
출도 염두에 두고 있는 것으로 알려졌다.

비약적인 성장을 지속하는 국내 저가항공

　국내의 저가항공사는 총 5개로 2005년 취항한 한성항공(티웨이항공
으로 2010년 변경), 2006년 취항한 제주항공, 2008년 취항한 에어부산, 진
에어, 2009년에 취항한 이스타항공이다.

　국내선에서는 이미 저가항공사의 점유율이 대형항공사(FSC: Full Service
Carrier)의 점유율을 추월했다(Fig 73). 국내선의 여객처리량 기준 저가항
공사의 점유율은 지난 2014년 3월부터 대형항공사의 점유율을 넘어
서고 있으며, 2014년 12월 기준 54.7%의 점유율로 대형항공사의 점유

율보다 9.4%p 앞서고 있다.

국제선의 경우, 저가항공사 점유율은 2014년 12월 기준 12.2%로 대형항공사 점유율 대비 4분의 1에 불과하지만 역시 꾸준히 증가하고 있다. 글로벌 항공시장에서 저가항공사의 점유율은 27%로, 국내 저가항공사의 국제선 점유율 역시 비슷한 수준까지 증가할 것으로 기대된다.

Fig 72

라이언에어와 국내 저가항공사의 현황

	라이언에어 (Ryanair)	제주항공 (Jejuair)	에어부산 (Air Busan)	진에어 (Jinair)	이스타항공 (Eastarjet)	티웨이항공 (Twayair)
국적	아일랜드	한국	한국	한국	한국	한국
취항 연도	1985년	2006년	2008년	2008년	2009년	2005년
수송 실적 (단위: 킬로미터)	81,668,285	9,073,573	7,058,433	8,280,683	4,745,594	5,136,968
항공기 운영 대수	297	17	13	13	8	9
보유 기종	B737-800	B737-800	A321-200 A320-200 B737-400 B737-500	B737-800 B777-200	B737-700 B737-800	B737-800
운항 노선 수	675	국내선 3개 국제선 15개	국내선 3개 국제선 12개	국내선 1개 국제선 12개	국내선 3개 국제선 8개	국내선 2개 국제선 5개
직원 수	9,501	919	630	543	626	504

(라이언에어는 회계연도 2014년 기준. 한국 저가항공사의 운항노선 수와 직원 수는 2014년 4월 30일 기준)
자료: 이베스트투자증권

Fig 73

국내 LCC와 FSC의 국내선 여객처리량 점유율

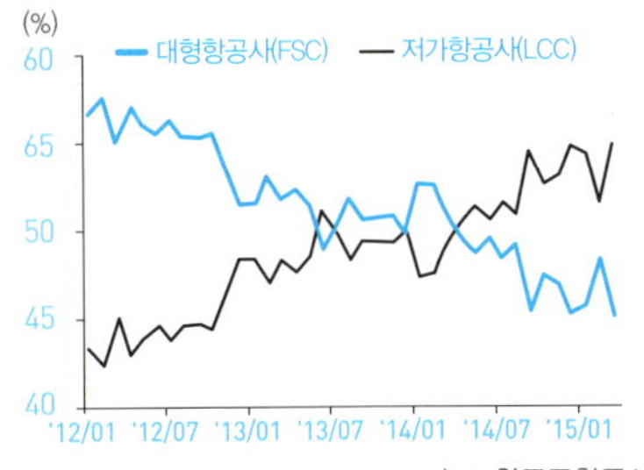

자료: 한국공항공사

Fig 74

국내 LCC의 국내선 여객처리량 점유율

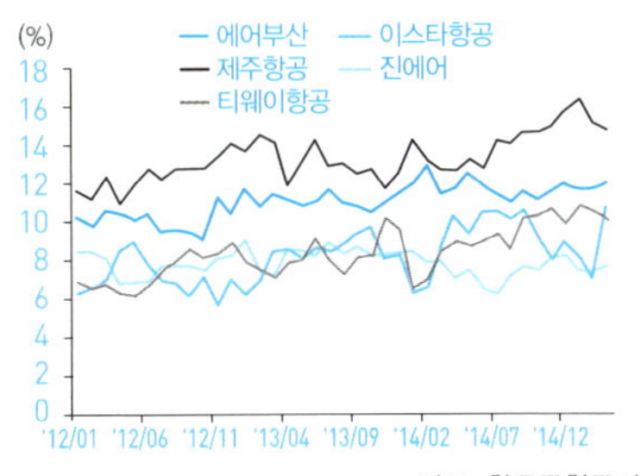

자료: 한국공항공사

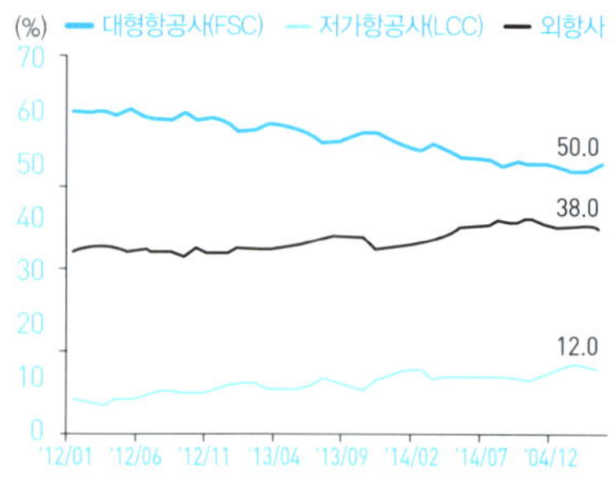

Fig 75

국내 LCC와 FSC의 국제선 여객처리량 점유율

(인천공항을 포함한 국내 모든 공항 기준)
자료: 한국공항공사, 인천공항

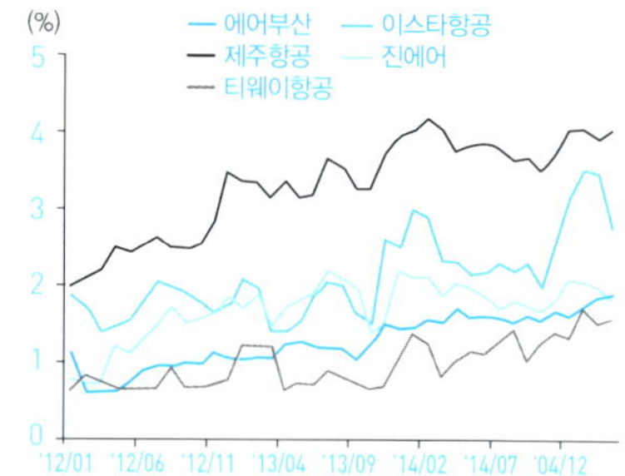

Fig 76

국내 LCC의 국제선 여객처리량 점유율

(인천공항을 포함한 국내 모든 공항 기준)
자료: 한국공항공사, 인천공항

멘토의 Tip ⑳　　　부가사업 진출 과정 알아보기

운송업 이외의 부가사업 영역 진출 과정에 대해서도 알아봅시다.

국내 저가항공사가 국내 시장 잠식은 물론 해외 노선까지도 대한항공을 점차 위협하는 모습입니다. 단순히 과거처럼 노선 경쟁에만 집중해서는 수익 창출에 한계가 있는 만큼 운송업 이외의 부가사업으로 사업 영역을 확장할 수밖에 없습니다. 부가사업의 대표적인 예로 항공우주산업과 더불어 해외 호텔업 확장 등을 들 수 있습니다. 다만, 항공유의 안정적인 공급과 정유사업을 위해 인수했던 에스오일의 재무구조 개선을 위해 2015년 1월 매각한 경우도 있는데, 그만큼 재무 안정성을 중요하게 인식한다는 점을 보여주는 대목이라 하겠습니다.

'항공사 재무 안정성'을 키워드로 검색해보시기 바랍니다. 신용평가업체들도 대체로 이 책에 거론되고 있는 여러 영업 변수들을 근거로 신용등급을 산정한다는 것을 알 수 있습니다. 항공업은 사업자가 소수이고 수익에 영향을 주는 변수들이 외생적이어서 적절한 대응 능력과 함께 미래를 미리 준비하는 리스크 관리 영역이 무엇보다 중요합니다.

달라지는 여행 소비 트렌드에 따른 항공사업 변화

사실 저가항공사와 대형항공사를 직접 비교하기에는 무리가 따른다. 저가항공사와 대형항공사는 비즈니스모델에서 차이점이 많기 때문이다(Fig 78). 우선 대형항공사는 화물기를 통해 화물사업도 영위하지만 저가항공사는 그렇지 않다. 주로 여객 운행에 집중한다.

여객사업에서도 차이점이 많은데 가장 핵심적인 세 가지는 요금체계, 판매 루트, 그리고 항공기단 구성이다. 저가항공사는 대형항공사와 달리 동일한 등급의 좌석 운영으로 요금을 단순화하고Simple, 다양한 판매처를 통해 판매하기보다 주로 온라인을 활용하며Smart, 항공기단을 단일 기종으로Same 운영한다. 이는 곧 저가항공사 비즈니스 사이클(Fig 77)에서 순조로운 흐름의 원동력으로 작용하며 저가 운임, 저비용 경영을 가능하게 한다.

저가항공사의 비즈니스 사이클의 첫 단계는 저렴한 운임이다. 저렴한 운임은 수요를 끌어모으고, 저가항공사는 늘어난 수요를 처리함으로써 규모의 경제 효과를 누릴 수 있다. 규모의 경제 효과로 저가항공사는 이전보다 더 낮은 비용에서 사업을 운영할 수 있게 되고 이는 다시 더 저렴한 운임을 승객에게 제시할 수 있게 되어 선순환 구조가 가능해지는 것이다.

저가항공사의 비즈니스 사이클

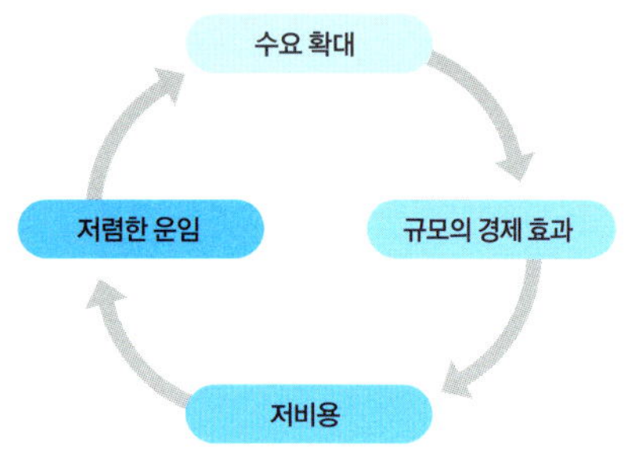

자료: 이베스트투자증권

저가항공사와 대형항공사의 비즈니스 모델 비교

	저가항공사	대형항공사
요금 체계	단순 요금	복잡한 요금 구조
판매 루트	주로 온라인	다양한 판매
노선 운영 방식	Point-to-Point	허브앤스포크 (인터라이닝, 코드쉐어, 얼라이언스)
좌석 등급 종류	동일 등급 좌석	다양한 등급 좌석
항공기 운용시간	매우 높음	중급 정도
항공기단 구성	단일 기종	여러 종류
운용 전략	여객 운행만 집중	화물 영업도 포함

자료: 이베스트투자증권

멘토의 Tip ㉑　　　　　　　　　　수익창출 구조 파악하기

저가항공사의 수익창출 구조를 파악해봅시다.

저가항공사의 성장으로 이에 대한 세밀한 대응 전략이 요구되는 대한항공입니다. 저가항공사의 수익창출구조 정도는 명확하게 이해할 필요가 있습니다. 또한 저가항공사와 대형항공사의 비즈니스 모델이 어떻게 다른지에 대해서도 알아둡시다.

'저가항공사 전략'을 키워드로 해서 다양한 사례들을 찾아보시기 바랍니다. 먼저, 저가항공사를 규정 짓는 기준부터 확인하시기 바랍니다. 위탁수화물 유료, 좌석 지정 유료, 기내식 유료, 얼리버드형(빠른 예약) 예약자 대폭 할인, 탑승교 미사용, 저가 터미널 이용, 중소형 비행기 등이 저가항공사를 규정하는 기준입니다. 다만 저가항공사들마다 각각의 요소를 다양하게 조합하는 전략을 구사하면서 서로의 경쟁력을 추구하고 있으므로 대한항공은 어떤 요소들의 조합을 통해 일반 항공사로서의 경쟁력을 제고할 수 있는지 생각하시기 바랍니다.

저가항공사의 최근 괄목할 만한 실적은 자체 경쟁력에서도 찾을 수 있지만 최근 변화된 여행 소비 트렌드가 큰 틀에서 도움이 됐다고 판단된다.

한국관광공사가 진행한 설문조사에 따르면 내국인 출국자의 회당 평균 해외여행 기간은 2013년 6.49일에서 2014년 5.43일로 줄었다고 한다. 반면 연도별 내국인 출국자의 연간 평균 해외여행 횟수는 2013년 1.15일에서 2014년 1.9일로 늘어났다. 즉, 짧은 기간이라도 자주 여행을 하는 방향으로 바뀌고 있는 것이다.

여행 소비 트렌드도 변화하고 있다. 최근 해외여행 경비 구성에서

교통비(항공료) 비중은 낮아지고 쇼핑 등의 비중은 높아지고 있기 때문이다(Fig 82). 해외여행 목적지에서 단거리 비중이 줄고 있음에도 불구하고(Fig 81) 교통비 비중이 낮아진다는 것은, 여행 필수 경비를 최소화하려는 방향으로 바뀌고 있음으로 해석할 수 있다. 단거리 여행 및 저가항공사에 대한 수요는 이러한 여행 소비 트렌드가 유지되는 한 지속될 것이라 판단된다.

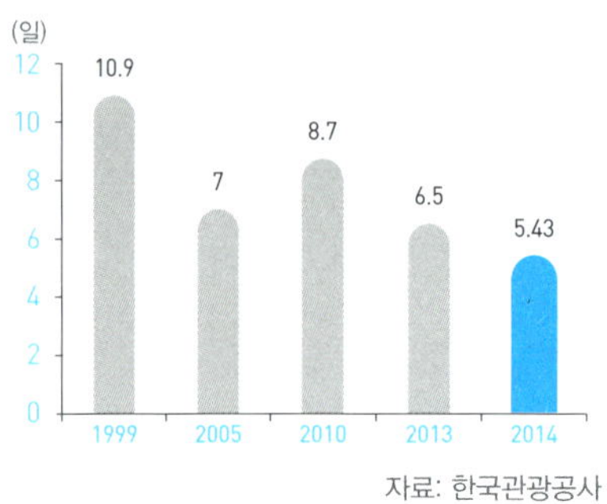
Fig 79
연도별 내국인 출국자의 평균 해외여행 기간

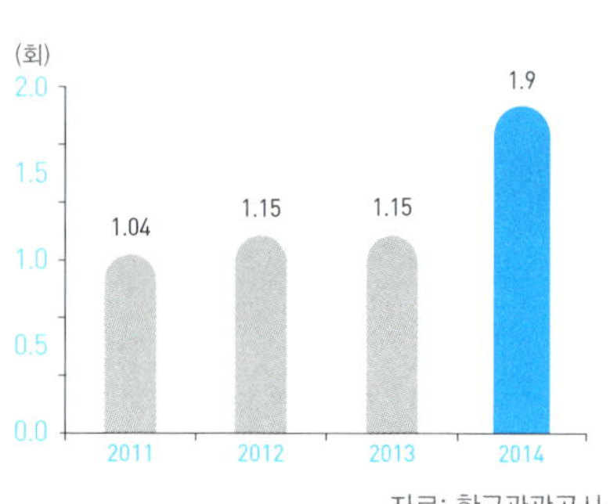
Fig 80
연도별 내국인 출국자의 연간 평균 해외여행 횟수

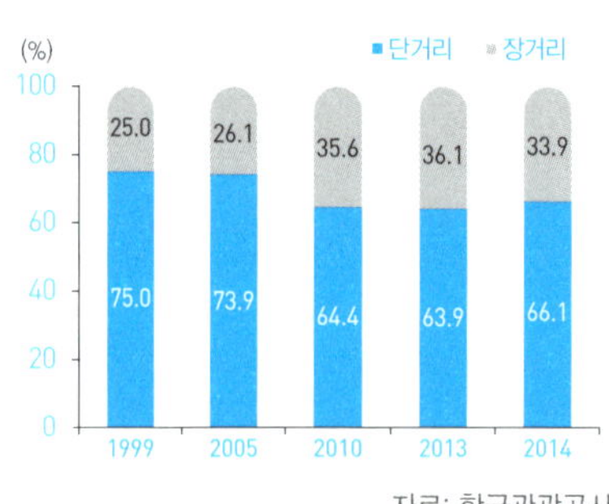
Fig 81
내국인 출국자의 목적지 비중 추이

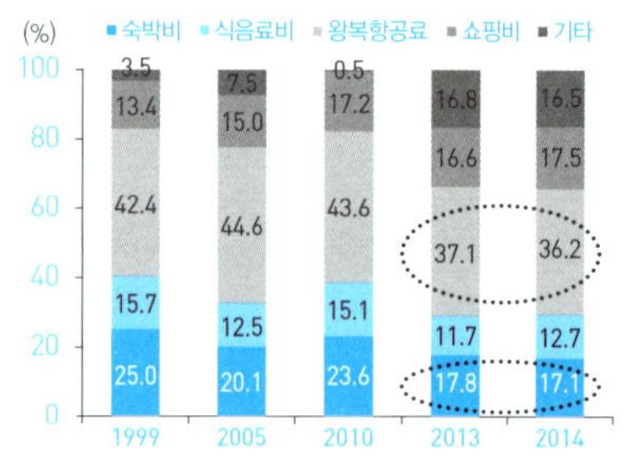
Fig 82
해외 개별 자유여행 시 품목별 경비 비중

**저가항공사와의 경쟁이 불가피한 대한항공이
어떤 대응 전략을 펼쳐야 할지 생각해봅시다.**

저가항공사가 여행자들의 실용적인 소비 트렌드의 흐름을 타고 성장세를 보이고 있습니다. 반면, 대한항공은 퀄리티 중심의 고급 여객수요를 흡수하고 있는 모습입니다. 마치 2010년대 초반 화장품 시장에서 아모레퍼시픽과 중저가 브랜드들이 대결했던 것과 유사한 구도처럼 보입니다. 항공업종이지만 아모레퍼시픽이 중저가 브랜드들의 도전을 어떻게 극복했는지를 한번 살펴보는 것에서 좋은 시사점을 얻을 수도 있습니다.

**관련 자료 찾아보기 ⑱
검색 키워드, '저가브랜드 대응 전략'**

'저가브랜드 대응 전략'을 키워드로 해서 관련 사례들을 찾아보시기 바랍니다. 온라인상에서 맥카페의 공략에 대해 스타벅스는 어떻게 대응 전략을 세웠는지, 해외 저가항공사들의 국내 진출에 대해 우리나라 저가항공사들은 어떤 대응 전략을 구사하고 있는지 등 실제 사례들을 찾아볼 수 있습니다. 다양한 사례를 살펴보면서 대한항공에 의미가 있는 시사점들을 도출하시기 바랍니다.

KOREAN AIR

경영 요소:
고객 니즈에 맞춘
최상의 운영 체제

앞서 항공산업의 경영 이슈로 항공 규제 완화, 항공사 인수 합병 및 제휴, 저가항공사의 부상에 대해 알아보았습니다. 이러한 경영 환경의 변화는 경쟁이 강화됨을 의미하고 이로 인해 경쟁력이 떨어지는 항공사는 도태되는 결과로 이어질 것입니다. 이러한 변화에 대한항공은 어떠한 준비와 전략으로 대응하고 있을까요? 주요 사업 분야인 여객, 화물, 그리고 항공우주사업으로 나누어 분석해보도록 합시다.

01

여객운송사업:
제휴를 통한 수익성 강화

2013년 7월 대한항공과 델타항공의 코드쉐어가 중단되었다. 코드쉐어 중단에 따른 여파로 대한항공의 미주 노선 매출은 성장세가 둔화되었다. 회사 측에서는 델타항공과의 코드쉐어 중단으로 미주 노선 매출의 약 3%가 감소했다고 파악하고 있다.

이후 미주 노선을 대상으로 하는 합작사 설립을 위한 논의가 대한항공과 델타항공 간에 진행 중인 것으로 알려졌고, 시장에서는 왜 굳이 코드쉐어를 중단하고 합작사를 설립해야 하는지에 대한 궁금증이 확산되었다. 이에 대한 힌트는 다음과 같다.

힌트 1. 체코항공 지분 인수 그리고 루프트한자와의 코드쉐어 종료

대한항공은 2013년 4월 체코항공 지분 44%를 264만 유로(약 38억 원)에 인수했다. 이로써 대한항공은 기존 유럽 직항 노선 11개 도시에, 체코항공이 유럽 내 운영 중인 52개 노선을 연계할 수 있게 되었다. 체코항공을 인수하기 전 대한항공은 독일 루프트한자와 국제선 연계운송협정을 맺고 유럽의 환승수요를 충당해왔었다. 그러나 대한항공은 코드쉐어보다 체코항공의 지분을 확보하여 더 긴밀한 제휴관계를 추구했다. 더 이상 루프트한자에 의존할 필요가 없어진 대한항공은 체코항공의 지분을 인수한 후 루프트한자와의 국제선 연계운송협정을 종료했다.

이후 프라하를 거점으로 이원 수송하는 승객이 급격하게 늘어나고 있다. 지난 2013년 3분기 실적 발표에서 대한항공이 공개한 프라하 이원 수송 승객 실적에 따르면 체코항공을 인수하기 전에는 500명 정도였던 승객이 2013년 6월부터 급격히 증가하기 시작, 8월에는 기존 승객보다 4배 늘어난 2천 명의 승객을 이원 수송하였다. 최근에는 삼성전자가 출장을 전담하는 항공사를 선정했는데, 대한항공이 체코항공을 통한 유럽과의 연결성으로 좋은 평가를 받아 전체 100여 개 노선에서 미국 샌프란시스코 노선, 프랑크푸르트 노선을 비롯한 30여 개 노선을 수주했다. 샌프란시스코 노선과 프랑크푸르트 노선은 당초 각각 유나이티드항공과 루프트한자항공이 잡고 있던 노선이었다.

힌트 2. 카보티지, 그리고 반독점법 면제

장거리 노선에서는 네트워크 구축이 중요하다. 그러나 네트워크 확장을 위해 무분별한 직항 노선 운영 시 비용 부담이 커져 항공사는 파산에 이를 수도 있다. 효율적인 네트워크 구축을 위한 방법으로 이원화 노선 활용이 꼽히는데, 이는 직항지와 직항지 외의 지역을 연결(국내선)하는 것이다. 그러나 외항사의 국내선 취항은 대부분 국가에서 금지하고 있다. 때문에 항공사들은 제휴를 통해 노선상의 효율성을 도모하고 있는 것이다.

우리가 가장 많이 알고 있는 코드쉐어는 가장 단순한 제휴 형태로 이미 많은 항공사들이 이용하고 있는 방법이지만, 코드쉐어를 통해 운임을 조정하거나 네트워크의 최적화를 극대화하기는 매우 어렵다. 코드쉐어보다 강력한 유대관계를 통해 제휴를 강화하고 수익성을 증대할 수 있는 가장 명확한 방법은 인수합병이다. 그러나 대부분의 국가에서 항공사의 외국인 지분에 대한 규제로 인해 인수합병을 추진하기 어렵다. 이에 버금가는 효과를 창출할 수 있는 방법이 바로 합작사 설립인 것이다.

항공사들은 합작사 설립을 통해 시장의 확보와 개척 및 공급력 확보, 경쟁자 견제, 실수단가 및 수입 개선과 비용 절감을 통한 수익성 증대 수요 창출, 마케팅 능력 강화, 재원 조달의 효과를 누릴 수 있게 된다. 또한 비용 측면에서도 연료의 공동구매, 항공기 공동구입 및 공동사용, 기내식 서비스의 일원화 등의 원가절감이 가능해지며 지상서비스 측면(항공기 정비 포함)에서도 보다 원활한 협조 체계가 이루어질 수 있다. 더불어 합작사 설립 시 독점금지 면제가 부여되기 때문에 최근 많은 항공사들이 특정 노선에서 이를 추진하고 있다.

체코항공과 유럽 노선, 델타와 미주 노선을 적극 공략할 대한항공

대한항공의 매출 중 60%는 국제 여객에서 창출되며 다시 국제 여객 매출 중 60%는 미주, 유럽 노선에서 발생한다. 또한 장거리 노선 운항은 단거리 노선 운항 대비 네트워크의 중요성과 비용 부담 정도가 커 운항하기 쉽지 않은 즉, 진입 장벽이 있는 노선이다.

대한항공은 최근 심화되고 있는 경쟁에 대한 방안으로 유럽 노선은 체코항공과의 연계를, 미주 노선은 델타와의 합작사를 통해 마련한 것으로 파악된다.

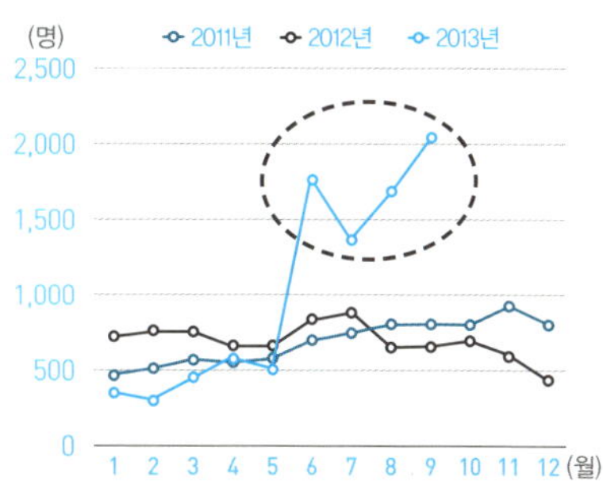

멘토의 Tip 23   **유럽과 미주 노선 전략 파악하기**

유럽 노선과 미주 노선 전략을 잘 파악해봅시다.

대한항공의 여객 전략은 유럽 노선은 체코항공과 연계하고, 미주 노선은 델타와의 합작사를 통해 추진하는 모양새입니다. 유럽 노선의 경우 체코항공과의 연계성이 삼성전자의 출장을 전담하는 항공사 선정에 큰 역할을 했다는 점도 수익성 창출 논리에서 좋은 근거가 됩니다. 코드쉐어, 카보티지 등과 같은 용어가 낯설지 않도록 관련 자료들을 많이 찾으시기 바랍니다.

관련 자료 찾아보기 ⑲
검색 키워드, '노선 경쟁력'

'노선 경쟁력'을 키워드로 관련 자료들을 찾아보시기 바랍니다. 주요 항공사들의 노선 경쟁력 현황은 어떤지와 각 사들의 노선 전략 등을 탐색해 보며 대한항공의 대응 전략에 대해서도 생각하시기 바랍니다. 대한항공이 최신 A380 기종을 10대나 들인 것도 노선 경쟁력 확보 차원에서 이해할 수 있을 것입니다.

02

화물운송사업:
수익성 중심의 전략

지속적인 화물시장의 약세와 과잉 공급으로 부진했던 항공화물시장이 올해 들어 다시 개선되고 있다. 국제항공운 주협회에 따르면 2014년 6월 전 세계 총 화물수송량은 전년 동월 대비 2.3% 증가했는데, 최근 수송량 수치는 2010년 중반 이래 가장 높은 수치로 올해 화물수요가 개선되고 있는 것을 의미한다. 항공화물시장의 실적은 국제 무역과 비즈니스 활동의 개선에 따른 것으로 아시아·태평양 지역의 화물은 전년 동월 대비 4.9% 증가하여 유럽 지역(-1.5%)의 화물량 약세를 상쇄, 전체 화물시장의 실적 개선에 기여했다. 탑재율은 화물량의 증가와 공급력의 감소에 영향을 받아 증가했다.

한국무역협회 데이터에 따르면 연초 이후 평판디스플레이^{Flat-Panel} Display의 수출 중량이 크게 늘었음을 확인할 수 있다. 2013년부터 적게는 20%에서 많게는 80% 넘게 하락했던 수출 중량이 올해 들어 세 자릿

수의 성장률을 보이며 증가하고 있다. 2014년 4월 평판디스플레이 수출 중량 증가율은 77%를 기록 후 5월부터 8월까지 300% 이상의 성장률을 기록하고 있다. 평판디스플레이 수출 중량의 증가는 다른 품목과의 비교에서도 눈에 띄는 모습이다(Fig 86).

2013년 항공사들은 화물시장에서 공급 과잉을 경험하며 공급 조절 및 수익성 위주의 전략을 전개하고 있다. 대한항공 역시 화물사업에서 수익성 중심의 전략을 통해 최근 화물 실적 개선세를 지속하고 있다.

2010년 화물 초호황기의 모습은 기대하기 어려운 시장 상황에서 이러한 수익성 위주의 전략을 통해 실적 개선을 기대할 수 있을 것으로 판단된다. 특히 4분기는 화물 성수기인 데다가 최근 성장하고 있는 해외직구 이벤트(블랙프라이데이, 크리스마스 등)가 집중되어 있는 시기라 실적 개선 가능성이 높기 때문이다.

글로벌 대비 아시아·태평양 지역 월간 화물수송량 증감률 추이

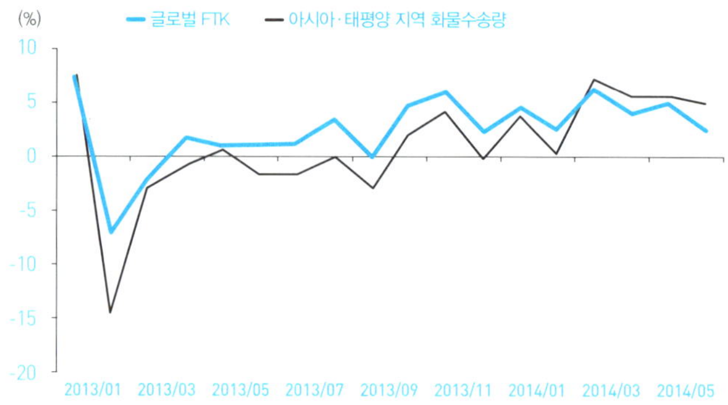

자료: IATA

주요 품목별 항공 수송 수출 중량 추이 – 평판디스플레이 수송량 증가 추세

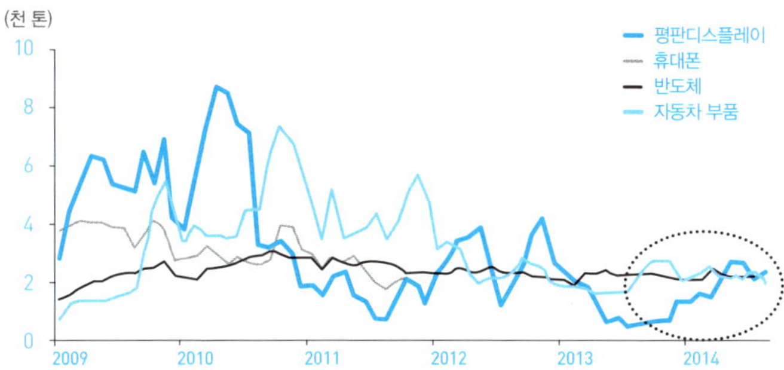

자료: 한국무역협회

항공우주사업:
항공기 생산 강화와 무인기 개발

대한항공의 항공우주사업을 주목해야 한다. 그 이유로 세 가지를 제시한다.

첫째, 항공기 주문량이 폭발적으로 증가하여 항공기 생산의 전방과 후방 산업인 부품 생산 및 정비산업의 성장이 전망된다. 둘째, 대한항공은 세계 최초로 틸트로터 무인기를 상용화했고 앞으로도 다양한 무인기를 개발할 계획을 갖고 있다. 마지막으로 항공산업을 육성하고자 하는 정부의 계획과 맞물리며 다양한 지원을 받을 것으로 예상된다.

항공기 주문량 급증과 사업 전망

2013년 기준으로 세계의 항공기 주문 잔량은 11,321만 대이며, 이는 현재 전 세계에서 운항되는 항공기 대수인 17,200대의 66%에 해당한다. 향후 항공기 주문도 지속될 것으로 전망되고 있다. 실제로 미 상무부가 발표한 7월의 내구재 주문을 보면 민간 항공기 주문이 318% 급증했다.

특히 중국의 주문 증가세가 가파를 것으로 예상되는데, 보잉에 따르면 2013년에서 2033년까지 20년간 중국의 항공기 주문량은 6,020대에 육박할 것으로 전망된다. 2013년 기준 중국에서 운항되고 있는 항공기 수는 2,190대로, 단순히 미국과 비교해보면 규모 면에서도 절반에도 미치지 못하며 출국자 수를 바탕으로 비교할 경우 확연히 항공기가 부족한 것으로 보인다.

부품 생산 및 정비산업의 성장은 항공기 주문으로 가늠할 수 있다. 항공기 주문량이 많다는 것은 항공기를 그만큼 제조해야 하는 것이고 제조를 위한 부품 생산 역시 늘어날 수밖에 없다. 또한 주문받은 항공기를 제조하여 항공사에 인도하게 되면 운항하면서 필수적으로 해야 하는 정비에 대한 수요가 늘어날 수밖에 없기 때문이다.

대한항공 항공우주사업의 매출 구성은 부품 생산과 정비사업이 90%를 차지한다. 이에 따라 항공기 주문 증가에 따른 수혜를 대한항공도 받을 것으로 판단된다.

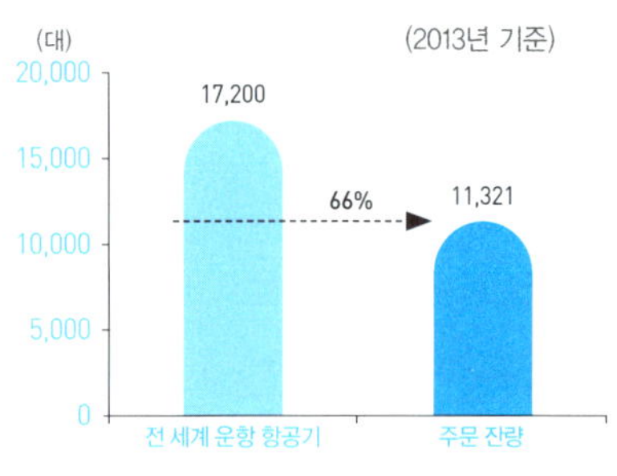

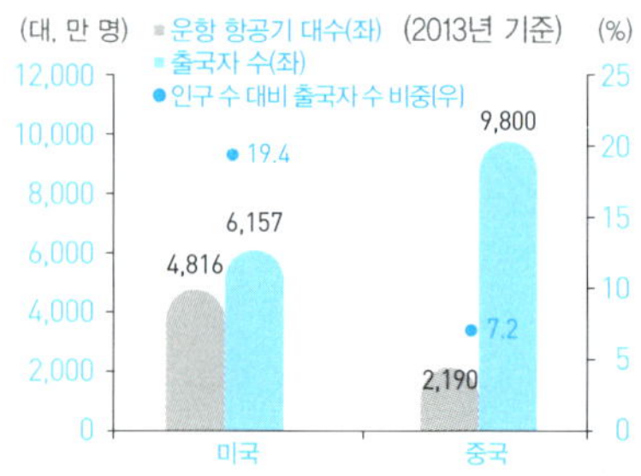

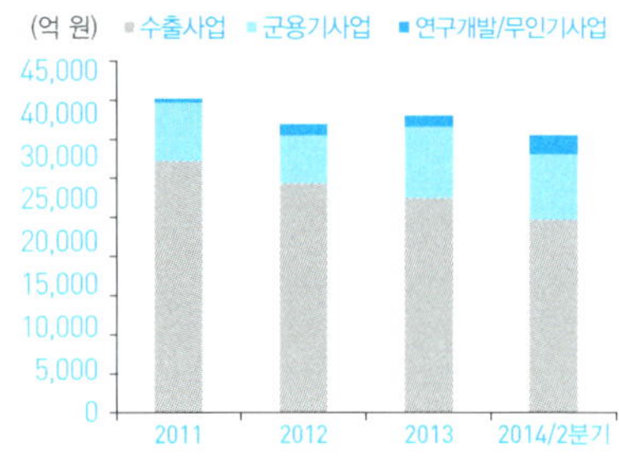

모델	에어버스 A380	보잉 B747	A380 화물칸 문
개발 기간	'06년~'10년	'07년~'10년	'01년~'10년
총 개발비	10조 원	13조 원	15조 원
해외 참여	50% 이상	일본 35%, 이탈리아 15%	50% 이상
국내 참여	대한항공, 2,000억 원 (2%)	대한항공, 1,570억 원 (1.2%)	대한항공, 700억 원 (0.7%)
개발 품목	주익/동체 부품	주익/동체 부품	동체 부착품
수출 효과	연간 1,900억 원	연간 800억 원	연간 800억 원

자료: 이트레이드증권

무인기 시대가 다가온다

아마존은 지난해 드론을 이용한 무인 배달 시스템을 시험한 바 있다. 도미노피자에서도 드론을 이용, 6km가 넘는 거리를 10분 만에 배달한 시험 동영상을 공개해 세계적으로 화제가 된 바 있다. 농업용 드론 개발도 활발하게 진행되고 있다. 최근 경제지 포브스^{Forbes}의 보도에 따르면, 3D 로보틱스 관련 회사는 카메라를 통해 작물을 인식한 후 적외선 영상 분석을 통해 작물의 질병 유무를 감지할 수 있는 드론을 개발 중이다.

기술이 발전하고 시장수요가 급증하면서 미국을 비롯한 선진국은 이미 무인항공기 관련법 제정과 인프라 구축 준비에 한창이다. 아마존과 구글 등 글로벌 대기업들의 무인항공기 개발과 시험비행을 위한 허가 요구가 가시화됐기 때문이다. 버락 오바마 미국 대통령은 2012년 2월 미 의회가 제출한 무인항공기의 민간 운용에 관한 법안을 승인했다. 무인자율화 기술의 개발과 활용은 전 세계적으로 37개국, 187개 이상의 업체가 참여하고 있으며, 약 400개 이상의 연구개발 프로그램들이 진행되고 있는 것으로 알려졌다.

그러나 아직 무인기의 수요가 가장 활발한 곳은 군부대다. 2014년 초 영국 국제전략연구소^{IISS}에 따르면, 미군이 보유한 무인기는 679기에 달하는 것으로 집계됐다. 이 밖에 유럽연합 42기, 인도 38기, 이스라엘도 26기를 보유하고 있다. 미국과 군비 경쟁을 하고 있는 중국, 러시아, 이란 등을 합치면 그 수가 더 늘어날 전망이다. 니혼게이자이신문은 세계적으로 무인기 보유국 수가 70개국에 이르고 있다고 보도한 바 있다.

이렇듯 무인기 시장은 군용이 98% 이상을 차지하며, 민용은 채 2%를 넘지 않는다. 그러나 무인기의 민간 활용이 본격화된다면 인터넷과 휴대폰, 컴퓨터와 같이 군사적 목적으로 개발돼 민간 영역에서 폭발적으로 성장한 또 하나의 사례가 될 가능성이 크다. 페이스북, 구글과 같은

IT업체가 직접 무인기 회사를 인수하여 인프라를 구축하겠다는 사업 구상을 내놓는다거나, 아마존, DHL, UPS, 도미노피자 같은 유통회사들이 무인기 배달시스템을 개발하고 있다고 소개한 사례들이 무인기의 사업성을 잘 말해주는 단면이다.

항공군사 전문컨설팅사인 틸그룹에 따르면 글로벌 무인항공기 시장 규모는 118억 달러로 이후 10년 동안 연 평균 25%씩 성장하여 2023년에는 890억 달러의 시장 규모를 형성할 것으로 전망했다.

한국 역시 무인기 개발에 적극적으로 참여하고 있다. 특히 IT에 강점이 있는 우리나라가 특화된 기술을 통해 국제경쟁력을 확보할 수 있는 분야로 무인기 부문이 지목되면서 유망사업으로 각광받고 있다. 실제로 틸트로터 기술을 개발한 국가는 미국과 한국뿐이며, 이 기술을 무인기에 적용해 실용화 단계까지 발전시킨 것은 한국이 최초다. 미군이 2000년대 중반 실전 배치한 틸트로터형 수송기 'V-22 오스프리Osprey'는

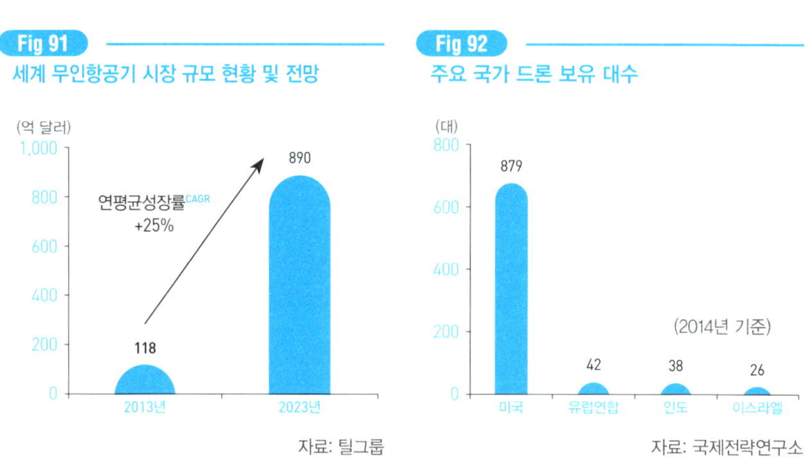

조종사가 직접 조종하는 형태이다.

대한항공은 2011년 약 10억 원에 한국항공우주연구원KARI으로부터 틸트로터 원천 기술을 이전받아 올해 신형 민간 보급용 틸트로터 개발을 완료했다. TR-6X는 동체 길이 3m에 양 날개 폭은 5.2m에 불과한 소형 비행기이다. 그러나 비행고도 3,000m까지 올라가 최고 시속 250km로 비행할 수 있다. 틸트로터는 '회전날개rotor'를 상황에 맞게 '기울일tilt 수 있는' 항공기이다. 헬리콥터와 프로펠러기의 장점을 결합한 '하이브리드 비행기'인 것이다.

틸트로터의 핵심 기술은 이륙 후 수직으로 세워져 있는 회전날개의 축을 90도로 눕혀 수평으로 만드는 것으로, 활주로가 없어도 헬기처럼 이착륙이 가능하고, 공중에서 회전날개를 앞으로 기울이면 항공기처럼 먼 거리를 빠르게 비행할 수 있다. 때문에 틸트로터형 무인기는 산악지형이 많고 활주로가 부족한 국내 환경에 특히 적합하다.

유럽에서는 프랑스 국립항공우주연구소ONERA를 비롯해 독일 항공우주센터DLR, 스페인 항공우주기술연구소INTA, 네덜란드 국립항공연구원NLR, 이스라엘 항공우주산업IAI 등 유럽 11개국 13개 항공우주 관련 기관들이 컨소시엄을 구성해 유럽 전역에 도입할 개인용 항공기(PAV: Personal Air Vehicle) 시스템을 개발하는 P플레인P Plane 프로젝트를 출범해, 활발한 연구를 진행하고 있다. 2009년 유럽집행위원회EC가 330만 유로, 참여 기관들이 110만 유로의 연구비를 지원해 출범했다. 미국은 미 항공우주국NASA를 중심으로 개인용 항공기 발전 계획과 로드맵을 수립했다.

미 항공우주국에 따르면 개인용 항공기가 자동차시장의 3% 이상을 대체할 것으로 예측하고 있으며 항공기와 자동차의 장점을 융합한 개인용 항공기는 향후 40~650km의 중거리 이동에 혁신적인 패러다임의 변화를 이끌어낼 것으로 전망하고 있다.

대한항공의 틸트로터 무인기의 전자동 비행 기술을 소형 유인항공기에 적용하면 아파트 옥상의 헬리패드(Helipad, 소규모 헬기 이착륙장)에 행선지를 입력하여 목적지의 헬리패드에 자동으로 착륙할 수 있는 개인용 항공기를 개발할 수 있어 관련 시장 공략도 가능할 것으로 예상된다.

여기서 그치지 않고 대한항공은 다양한 무인기 개발을 추진하고 있다. 사단급 고성능 무인정찰기 KUS-DUAS도 올해까지 개발할 계획이다. KUS-DUAS는 발사대에서 이륙한 뒤 착륙 시에도 후크 제동이 가능해 산악이나 야지 등의 협소한 지역에서 운용하기에 적합한 무인기다.

또, 2017년까지는 프레데터와 같은 중고도급 무인항공기도 개발을 완료할 계획이다. KUS-15라는 개발명의 이 기종은 군사용으로 사용할

Fig 93 대한항공의 틸트로터 무인기

자료: 대한항공

Fig 94 틸트로터 무인기의 비행 원리

자료: 이트레이드증권

경우 감시 정찰과 같은 무인정찰기의 기본적인 역할은 물론, 통신중계나 신호 정보를 수집하는 등의 기능을 갖추게 되며, 심지어는 전자·전기로도 이용할 수 있다.

장기적으로 스텔스 형태의 무인전투기를 개발할 계획도 있다. KUS-X라는 프로젝트명이 붙은 이 무인기는 B2 스텔스 전투기와 같은 무미익(Tailless, 꼬리날개가 없는) 형태로, 레이더 단면적을 감소시키는 형상설계 기술이 적용되며, 무인 공격 및 폭격기 용도로 개발된다.

	고성능 전술급 무인항공기 **KUS-DUAS**	중고도급 다목적 무인항공기 **KUS-15**	차세대 스텔스 무인전투기 **KUS-X**
개요	대한항공이 체계 개발 중인 사단 정찰용 무인항공기	군/민수 다목적용 중고도급 파생형 무인항공기 개념 모델	미래 스텔스 무인전투기 개념 모델
특징	· 산악/야지의 협소 지역 운용 가능 (발사대 이륙, 후크제동 착륙) – 활주로 가용 시 활주 이착륙 가능 (휠 또는 스키드 착륙) · 낮은 착륙 속도를 통한 착륙 거리 최소화 · 군용항공기 감항인증 기준 적용으로 안전 신뢰도 증대	· 정찰/감시 외 다양한 임무 수행 (공격, 통신중계, 전자전 등) · 공통 플랫폼(Common Platform) 활용 비행체 형상 개발 · 지상 또는 위성 중계 사용	· 무미익 비행체 비행제어 기술 적용 · 레이더 단면적(RCS) 감소 비행체 형상 설계 기술 적용 · 정밀 유도무장 내부 탑재
용도	· 육군/해병대 사단급 부대의 정찰 감시 및 표적 획득 · 해군/해양경찰 등의 해상 정찰 감시 및 표적 획득	· 군사용: 감시정찰, 정밀공격, 통신중계, 전자전, 신호정보 등 · 민간용: 광대역 해상 감시, 국경/환경 감시 등	· 군사용: 향후 무인공격 및 폭격기로 활용

자료: 대한항공

항공산업 육성 계획에 따른 정부의 지원

정부는 2010년 1월 '2020년 항공산업 Global 7 도약'을 위한 청사진으로 '항공산업 발전 기본 계획(2010~2019)'을 발표했다. 2020년까지 생산 200억 달러, 수출 100억 달러 달성을 목표로 완제기 개발, 부품 및 자재 소요 계획MRP 육성, 핵심 기술 확보, 인프라 선진화 등 4대 전략이 제시되었다. 정부는 군수 완제기 개발은 물론 세계 시장이 확대되고 있는 민수 완제기 개발을 통해 국내 항공산업의 안정적 기반을 마련하고, 항공기부품의 해외 수출을 촉진할 계획이다.

또한 정부는 2006년부터 2009년까지 3년간 650억 원의 융자금을 대형 민항기의 위험부담파트너(RSP: Risk Sharing Partner) 참여를 지원하였고, 앞으로 R&D 지원을 통해 확대해나갈 계획이다. 아울러, 부품의 수출 산업화 역량을 제고할 수 있도록 지원하기 위해 2000년부터 항공우주 부품 기술개발사업을 통해서 1,395억 원을 지원 중이다. 완제기 개발과 중·대형기의 위험부담파트너 참여 등에 소요되는 자금이 원활히 조달될 수 있도록, 항공산업에 맞는 금융지원 방안을 추가적으로 마련할 계획이다.

정부의 항공산업 기본 발전 계획 내용(2010~2019)

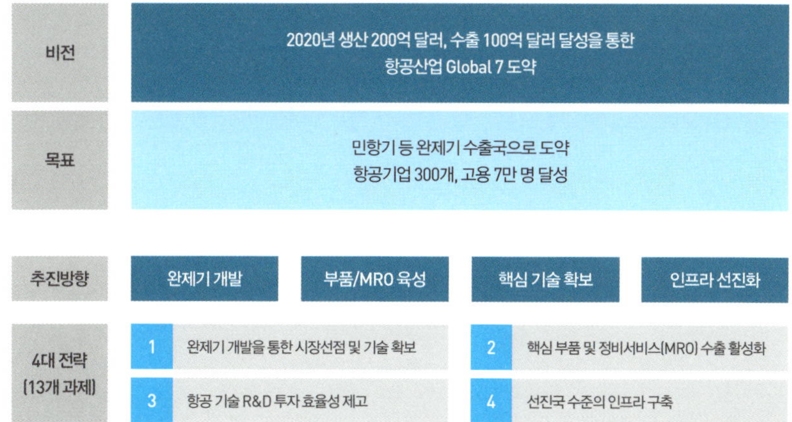

자료: 이트레이드증권

항공산업의 공급 사슬 구조

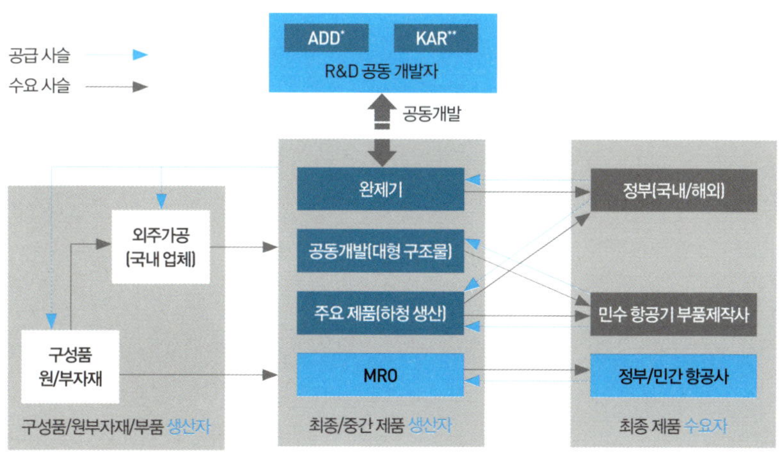

*국방과학연구소(ADD: Agency for Defence Development)
**한국항공우주연구원(KAR: Korea Aerospace Research Institute)
자료: 이트레이드증권

04

재무 구조:
흐름으로 이해하는 밸류에이션

고객충성제도(마일리지 제도)는 기업이 판매 촉진을 위해 재화나 용역을 구매하는 고객에게 보상 점수(포인트, 마일리지 등)를 부여하는 것을 일컫는다. 고객충성제도와 관련하여 항공사들은 한국회계기준K-GAAP에서 용역 제공 시점에 받은 대가의 공정가치를 전액 매출로 인식하고, 미래에 회수가 예상되는 마일리지에 증분원가(기업 회계상 원가 개념 중 하나, 의사결정에서 어떤 대안을 선택함으로써 증가되는 원가의 부분)를 추정하여 충당부채로 설정하였다.

그러나, 한국채택국제회계기준K-IFRS에서는 판매의 대가 중 마일리지의 공정가치에 해당되는 부분을 매출에서 제거하여 선수수익으로 이연 처리하며, 이를 사용 시점에 매출로 인식하게 된다. 마일리지 회계처리의 변화로 인하여 항공사들은 이연수익(공정가치)과 충당부채(원가)의 차이만큼 자본이 일시에 감소하게 되며, 이연 처리된 마일리지 부분만큼 수익도 감소하게 된다.

대한항공 역시 마일리지 수익 및 유형자산과 관련하여 자본이 크게 감소하여 2010년 말 기준 부채비율이 한국회계기준 대비 182%p 증가하였다.

대한항공의 K-IFRS 도입 효과

(2011년 개별 재무제표 기준)

구분	기초자본	당기손익	포괄손익	주주와의 자본거래	기말자본	기말자산	기말부채	부채비율
K-GAAP	30,571	4,617	4,412	7	34,990	178,143	143,153	409%
조정액(△)	-8,274	-855	-926	84	-9,115	742	9,858	
종속·관계기업투자	447	-1,178	-831		-391	-391	9,105	
마일리지수익	-6,194	-909	-909		-7,102	2,003		
유형자산	-2,855	641	641		-2,214	-2,214		
충당부채	-112	337	337		225	1,564	1,340	
기타	439	253	-164		367	-221	-587	
K-IFRS	22,296	3,762	3,487	92	25,875	178,885	153,010	591%

주: '△기초자본+△포괄손익(=당기손익+기타포괄손익)+△주주와의 자본거래=△기말자본'을
사용하여 △주주와의 자본거래 금액 역산
자료: 이베스트투자증권

불규칙한 순이익 흐름, 이유는 무엇일까?

2000년부터 2010년까지 대한항공의 순이익 흐름은 전체적으로 들쭉날쭉하다. 2000년과 2001년은 각각 -5,066억과 -6,213억의 순손실을

기록하였다. 또한 이라크전쟁과 사스가 발생했던 2003년, 금융위기가 발생한 2008년, 그리고 2009년은 각각 -2,233억 원, -1조 9,174억 원, -1,038억 원의 순손실을 기록하였다. 그러나 4번을 제외하고는 적게는 373억 원에서 많게는 5,018억 원까지 순이익을 기록하기도 했다.

항공사의 순이익 흐름만 보자면 한국 항공사들이 추진해온 전략에 대한 성과가 없는 것처럼 보일 것이다. 그러나 이는 순이익이 기업이 벌어들이는 현금 흐름을 제대로 표현하지 못한다는 점에서 기인하는 문제다. 즉, 실제로 현금 유출을 동반하지 않는 비용까지도 차감하기 때문이다. 현금 유출을 동반하지 않는 비용 중 가장 큰 것은 감가상각비로, 운영이윤과 순수이윤을 비교하는 데 왜곡 현상이 일어날 수 있다.

따라서 항공사의 적절한 평가를 위해서는 감가상각비를 차감하지 않은 영업현금이익으로 보아야 한다. 그 이유는 크게 3가지로 감가상각비는 비현금성 비용이라는 것, 항공기재를 도입하는 방법에 따라 달라질 수 있다는 것, 항공사마다 회계 기준(감가상각 하는 방법)이 다르다는 것이다.

a. 감가상각비는 비현금성 비용

항공사가 항공기를 도입하는 방법은 크게 세 가지가 있다. 첫째는 보유 현금으로 항공기를 구매하는 직접구매, 두 번째는 금융리스, 세 번째는 운용리스로, 대부분의 항공사는 두 번째 금융리스와 세 번째 운용리스를 함께 이용하여 항공기를 도입한다. 금융리스와 운용리스의 가장 큰 차이점은 감가상각 여부이다. 금융리스는 법적인 소유권이 없을 뿐이지 실질적으로는 차입금으로 직접 구매하는 경우와 다를 바가 없다. 따라서 항공기는 자산으로 계상하여 감가상각하고, 차입금에 대해서는 리스료의 일부가 이자로 나간다. 운용리스는 금융리스에 비해 사용 기간이 짧고 소유권이 임대인에게 남는다는 점에서 다르다. 때문에 항공기는 사용권만 있을 뿐 자산으로 기록되지 않는다. 당연히 감가상각을 할 수 없어 세제 혜택과 현금의 흐름 측면에서 불리하다.

b. 항공기재를 운용하는 세 가지 방법

이러한 항공기를 도입하는 방법인 금융리스와 운용리스의 비율은 항공사마다 다르다. 아시아 주요 18개 항공사의 감가상각 비용과 운용리스 비용은 각 항공사마다 다른 모습을 보이고 있다.

감가상각비의 경우, 주요 아시아 항공사의 평균 비용은 5억 7,800만 달러로 전일본공수, 에어차이나, 싱가포르에어, 중국남방항공, 대한항공 등 8개의 항공사가 평균보다 높은 감가상각 비용을 부담하고 있다. 반면, 평균보다 적게 부담하는 항공사는 하이난항공Hainan Airlines, 아시아나항공, 제트에어웨이스Jet Airways 등으로 파악된다. 운용리스비용의 경우 주요 18개 아시아 항공사의 평균은 3억 3,500만 달러로 평균보다 많이 지출하는 항공사는 전일본공수, 중국남방항공, 중국동방항공China Eastern 등 총 8개 항공사이며 평균보다 적게 지출하고 있는 항공사는 총 10개 항공사로 파악됐다.

주요 아시아 항공사의 감가상각 비용

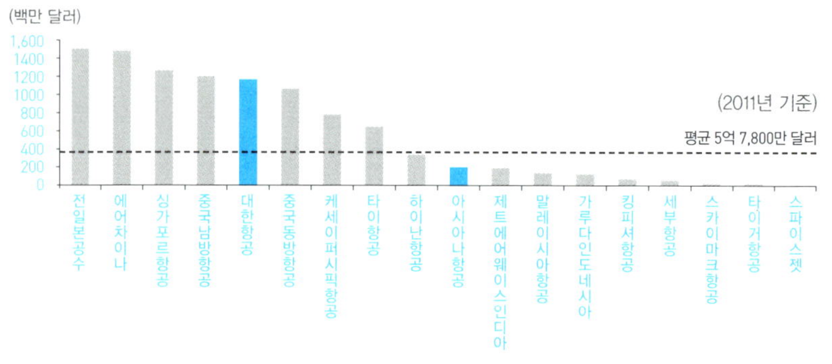

국내 항공사인 대한항공과 아시아나항공만 보더라도 금융리스와 운용리스 비율이 각각 8:2, 4:6으로 항공기 도입 방법이 다름을 확인할 수 있다.

c. 항공사마다 다른 감가상각 기준

더불어 항공기를 감가상각하는 기준도 항공사마다 상이하다. 보통 잔여가치Residual Value를 일정 비율 남기고 그 나머지 부분을 상각 처리하는데, 항공사마다 사용 연수에 차이가 발생하는 것이다. 예를 들면 싱가포르항공은 항공기의 잔여가치를 10% 남기고 나머지를 15년으로 감가상각한다. 케세이퍼시픽항공Cathay Pacific의 경우 10%의 잔여가치를 제외하고 20년으로 상각처리한다.

국내 항공사인 대한항공과 아시아나항공의 경우도 마찬가지로 다르다. 대한항공은 20%를 잔여가치로 남기고 나머지를 15년으로 감가상각하며 아시아나항공의 경우 잔존가치율을 10%로 하여 나머지는 25년간 상각한다. 따라서 똑같은 가격의 항공기를 동일하게 도입하더라도 항공사의 감가상각 기준에 따라 항공사별로 매년 감가상각하는 비용이 달라질 것이다. 그렇기 때문에 이러한 차이점을 고려한 영업현금이익 흐름으로 항공사의 밸류에이션을 평가해야 할 것이다.

주요 아시아 항공사의 임차료 비용

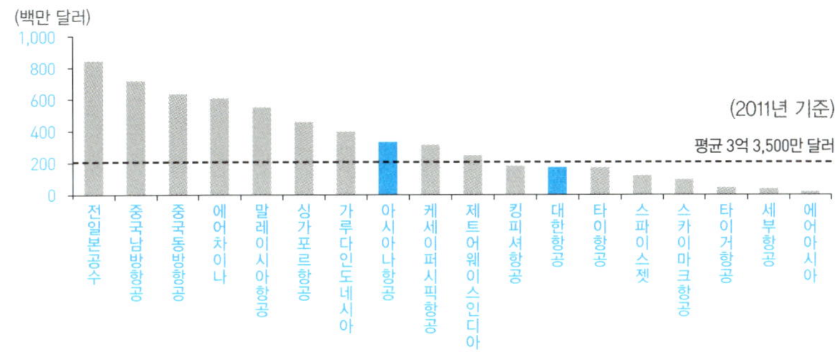

자료: Bloomberg

항공사별 항공기 감가상각 기준

	싱가포르항공	루프트한자	전일본공수	케세이퍼시픽	대한항공	아시아나
감가상각율(%)	10	15	-	10	20	10
감가상각연수(년)	15	20	20	20	15	25

자료: 이베스트투자증권

재무파트 지원자들은 재무구조 내용과 특징을 숙지하시기 바랍니다.

대한항공의 재무구조에 대한 내용은 재무파트 지원자들의 경우 반드시 이해하고 있어야 합니다. 대한항공의 재무 특성을 간단하게 정리하면, [1]비행기 구매에 대규모 자금이 소요되기 때문에 차입 혹은 리스 등을 통해 비행기를 구입합니다. [2] 따라서 조 단위의 부채는 항공산업 특성상 불가피합니다. [3] 하지만 리스운용 방식과 감가상각 기준에 따라 현금 흐름이 불규칙한 패턴을 보이는 경우가 생깁니다. [4]대신 비행기를 잘 운영해서 수익을 내고 그것으로 부채를 상환하면서 재무구조를 개선시키면 최상의 결과가 나옵니다. [5]고유 영업 외에도 항공사는 유가와 환율 변화에 따라 이익규모가 큰 영향을 받습니다. [6]또한 국제 금리가 상승세로 전환되면 금리 연동 해외 부채에는 또 다른 부담이 됩니다. 이처럼 항공업 특성을 잘 반영해서 대한항공의 재무구조를 특징별로 정리하시기 바랍니다.

관련 자료 찾아보기 ⑳
금감원, 〈대한항공 연차보고서〉

대한항공 연차보고서를 다운받아서 구체적인 내용들을 참고해보시기 바랍니다. 더 자세한 내용은 금감원 전자공시시스템DART에 들어가서 사업보고서를 확인하면 됩니다. 재무 관련 메뉴로 들어가서 재무제표와 재무제표 주석을 중심으로 각각의 내용을 살펴보시기 바랍니다. 대한항공의 경우 최근 3년간 손익이 악화되고 부채비율이 높아지는 모습입니다. 다만 국제회계기준IFRS 도입으로 마일리지가 부채로 인식되고, 빌려 쓰는 비행기, 즉 임차기에 대한 미래 정비 비용도 부채로 처리되고, 항공기 수명을 20년에서 15년으로 낮추면서 매년 감가상각 해야 할 금액도 더 크게 잡히게 되었고, A380 도입에 따른 구입비 등으로 부채비율이 악화된 점은 참고하시기 바랍니다. 만일 고객들이 마일리지 사용을 갑자기 늘린다면 당연히 대한항공 부채비율도 그만큼 줄어들게 되겠죠. 유가가 하락해도, 원/달러 환율이 하락(원화 강세)해도, 메르스 종료 후 외국 관광객 방문이 급증해도 부채비율이 개선될 것입니다. 이런 방식으로 부채비율에 긍정적 요인이 되는 요소들이 무엇인지 잘 이해하면 되겠습니다.

KOREAN AIR

문화:
더 높은 곳으로
비상하는 대한항공

대한항공은 1969년 한진그룹이 대한항공공사를 인수한 이래 끊임없는 성장을 이룩해왔습니다. 그 배경에는 고객서비스를 기반으로 한 체계적인 조직 관리와 혁신적인 마인드 그리고 탁월한 사업 감각을 지닌 경영진의 노력이 뒷받침되었습니다. 2015년 모든 사업 부문 흑자 달성 및 성장 기반 강화를 목표로 하는 대한항공이 어떤 조직 구조를 갖추고 있는지 이해하도록 합시다.

01
대한항공의
과거와 현재

대한항공은 1969년 한진그룹이 대한항공공사를 인수하며 3월 1일 설립되었다. 1971년 우리나라 최초의 태평양 횡단 노선인 서울-로스앤젤레스 화물노선을 개척하고, 이듬해 로스앤젤레스까지 여객기도 취항했다. 1972년에는 당시 최신 기종인 미국 보잉사의 B747 점보기와 에어버스사의 A300기종 6대를 구매하여 글로벌 항공사로 도약하기 위한 기반을 다졌고, 1973년에는 서울-파리 화물 노선, 1975년에는 서울-파리 여객 노선을 개설하며 대한항공은 점차 건실한 항공사로 자리잡았다.

1979년에는 뉴욕 직항 편을 취항했고, 1980년대까지 여객, 화물 노선을 꾸준히 확대해나갔으며, 1991년 구 소련 해체, 1994년 중국과의 항공협정 체결로 전 세계 하늘을 연결하는 노선망을 갖추었다. 1990년대 중반까지 대한항공은 항공기를 100여 대까지 늘려 성장을 지속했으나, 1990년대 후반에 들어서며 세계 항공업계의 과잉 공급과 경쟁의 심화 등으로 또 다른 도전에 직면하게 되었다.

그런 상황에서 혁신적인 마인드와 탁월한 사업 감각을 지닌 조양호 회장이 최고 경영직을 맡게 된다. 조양호 회장은 취임 후 선친인 조중훈 회장의 사업 철학과 방식을 이어 항공시장을 선도해나갔다. 2000년에는 조양호 회장의 주도로 아에로멕시코, 에어프랑스, 델타항공 등 유수의 항공사와 함께 세계적인 항공동맹체 스카이팀을 창설하였다.

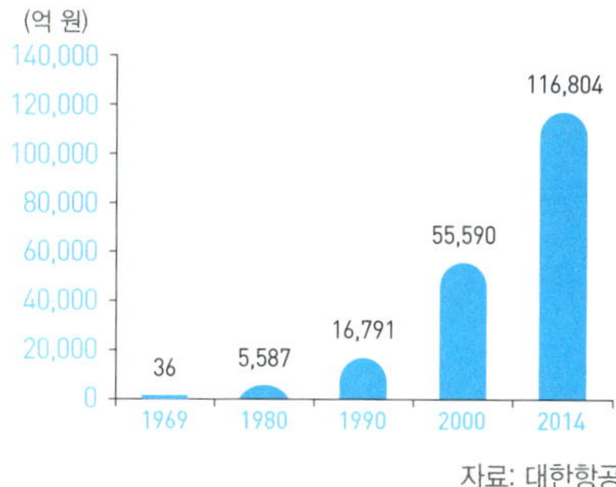

Fig 102
대한항공의 매출액 추이

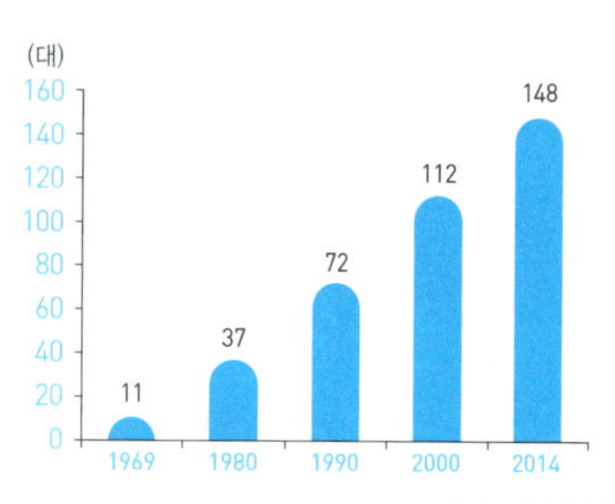

Fig 103
대한항공의 기재 보유 대수 추이

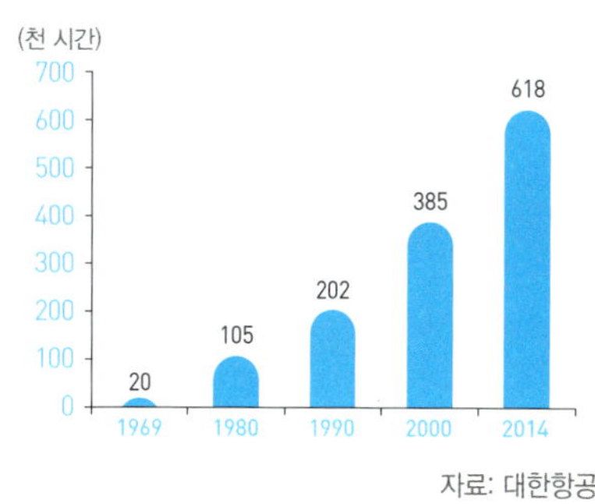

Fig 104
대한항공의 비행시간 추이

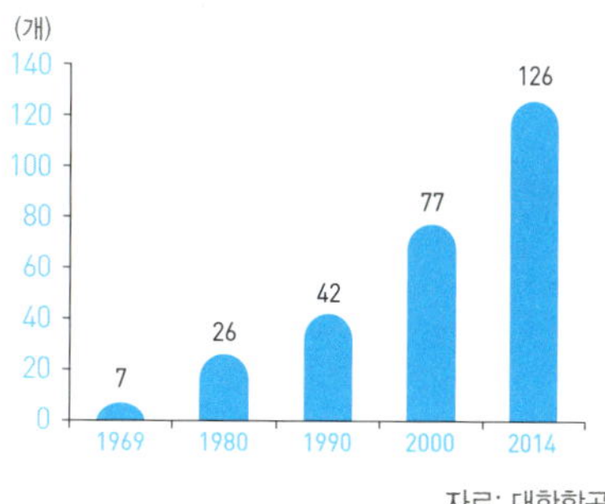

Fig 105
대한항공의 취항 도시 수 추이

대한항공은 2005년 창사 35주년을 맞으며 '세계 항공업계를 선도하는 글로벌 항공사'로서의 도약을 선언했다. 'Excellence in Flight'라는 미션으로 최상의 운영 체제, 고객 감동과 가치 창출, 그리고 변화하는 기업문화로의 지향을 공표하였다. 그 전략의 시작은 최첨단 항공기 도입 및 기재 고급화로 다른 항공사와의 차별화된 서비스를 제공하는 것이었다. 세계에서 6번째로 도입된 A380은 2011년 6월 1일 도쿄 취

주: (Fig 106~109)대한항공의 2000년과 2014년 여객 수송 인원 및 화물 수송량과 수송량(RPK 및 FTK)과의 차이가 나는 것은 장거리 운항 비중이 늘어났음을 추측할 수 있다.

항을 시작으로 홍콩, 뉴욕, 파리 등 장거리 노선에 집중 배치되었고, 2014년 A380 항공기 2대가 추가 도입되며 총 10대의 항공기를 보유하게 되었다. 이를 통해 대한항공은 장거리 간선의 노선 경쟁력을 강화시키고 고객서비스를 한 단계 더 업그레이드했다.

올해 세계 경기의 점진적인 회복과 국제 유가의 하락세가 수익성 개선의 밑거름이 될 것으로 예상되는 바, 대한항공은 2015년 경영방침을 '수익력 강화를 통한 모든 사업 부문 흑자 달성 및 성장 기반 강화'로 정하고 매출액 12조 4,100억 원, 영업이익 7,300억 원을 목표로 수립하기도 했다.

멘토의 Tip ㉕　　　　　　　　　조중훈 선대회장의 경영철학 알기

조중훈 선대회장의 경영철학을 알아봅시다.

조중훈 선대회장은 '수송보국론', '낚싯대 경영론'으로도 유명합니다. 2004년 4월 17일자 문화일보에 실린 '수송한국의 거목, 조중훈'이라는 제목의 기사를 살펴보겠습니다. 여타 대기업들이 사업다각화에 적극적이었던 것과 달리 그는 모든 사업을 '수송'에 집중했습니다. 주변에서 종합상사나 전자산업도 하자는 주장이 끊이지 않았을 때 '실력 있는 낚시꾼은 단 하나의 낚싯대로 승부를 건다'는 평소의 지론대로 수송업만 바라봤습니다. 초창기부터 조중훈 회장은 사업은 마치 예술과도 같다며 '혼과 철학'을 강조했으며 신용과 신뢰를 목숨처럼 여겼습니다. 특히 사업의 목적은 돈보다는 '일에 대한 집념과 성취욕'에 있다며 투자에 비해 이윤이 적은 항공수송사업을 하는 이유를 밝히기도 했습니다. 이런 선대회장의 경영철학이 지금도 이어지고 있으니 자소서나 면접 과정에서 이런 기업이념을 잘 염두에 두고 접근하기 바랍니다.

02

서비스 정신으로
뭉친 조직 활동

대한항공은 현재 13개의 사업본부로 이루어져 있다. 그리고 각 본부의 산하 혹은 직속으로 독립 부서인 65개의 부, 실, 팀, 공장으로 이루어져 있다. 2013년 12월 말 기준 대한항공의 종업원 수는 20,433명으로 사무직(일반관리, 재무, 영업, 운송) 4,421명, 승무직 (운항승무, 객실승무) 7,063명, 기술직(항공기술, 항공우주보급, 통신, 시설, 운항관리) 4,905명, 전산, 연구, 조리 등 351명, 현지 직원(국내외 외국인 직원) 2,196명 등으로 구성되어 있다.

항공사의 직종 크게 4개로 구분되는데 기술직(정비사), 객실승무직, 운항승무직, 일반직으로 분류할 수 있다. 각 직종별 직무에 대해 요약해본다.

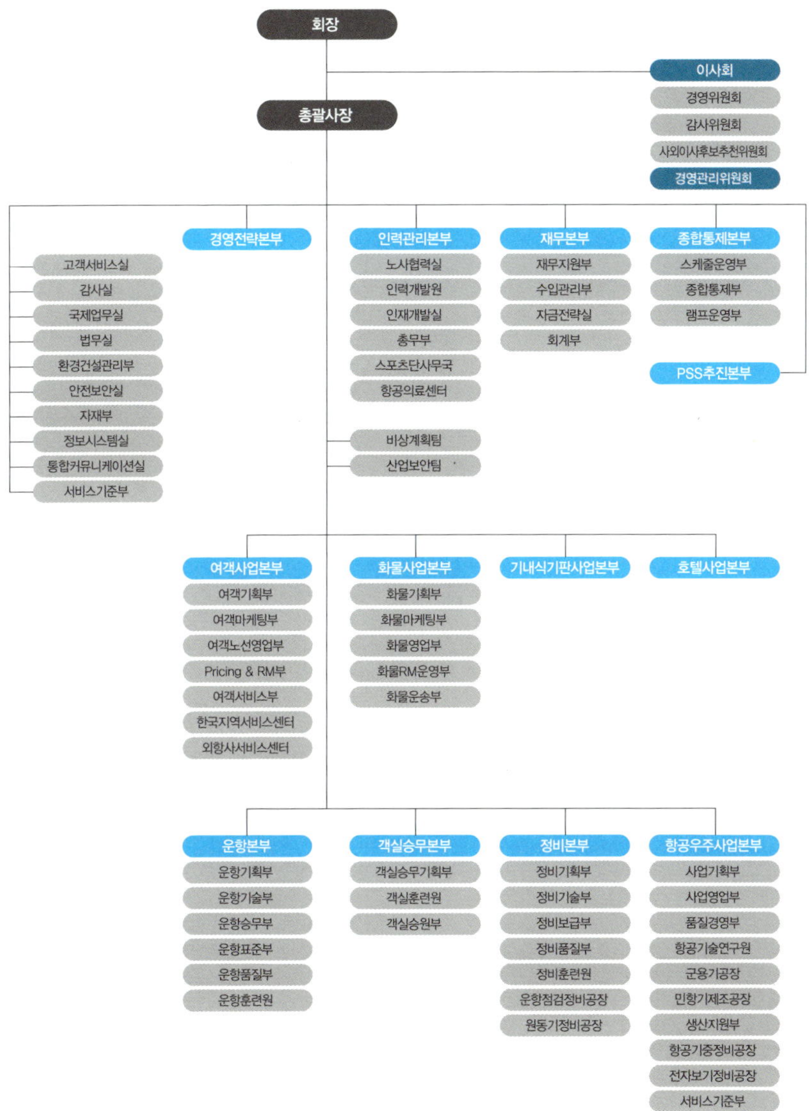

회장
이사회
경영위원회
감사위원회
사외이사후보추천위원회
경영관리위원회
총괄사장
경영전략본부
고객서비스실
감사실
국제업무실
법무실
환경건설관리부
안전보안실
자재부
정보시스템실
통합커뮤니케이션실
서비스기준부
인력관리본부
노사협력실
인력개발원
인재개발실
총무부
스포츠단사무국
항공의료센터
비상계획팀
산업보안팀
재무본부
재무지원부
수입관리부
자금전략실
회계부
종합통제본부
스케줄운영부
종합통제부
램프운영부
PSS추진본부
여객사업본부
여객기획부
여객마케팅부
여객노선영업부
Pricing & RM부
여객서비스부
한국지역서비스센터
외항사서비스센터
화물사업본부
화물기획부
화물마케팅부
화물영업부
화물RM운영부
화물운송부
기내식기판사업본부
호텔사업본부
운항본부
운항기획부
운항기술부
운항승무부
운항표준부
운항품질부
운항훈련원
객실승무본부
객실승무기획부
객실훈련원
객실승원부
정비본부
정비기획부
정비기술부
정비보급부
정비품질부
정비훈련원
운항점검정비공장
원동기정비공장
항공우주사업본부
사업기획부
사업영업부
품질경영부
항공기술연구원
군용기공장
민항기제조공장
생산지원부
항공기중정비공장
전자보기정비공장
서비스기준부

자료: 대한항공

기술직

① 항공기술직

항공기 조작^{Operation}을 위한 기술지원^{Engineering}, 정비기획 등 다양한 항공기 정비업무 분야에서 활동한다.

a. 기획 부문

항공기 기술지원본부의 장단기 사업 계획 수립 및 집행, 연간 항공기 생산 계획 수립 및 실적 분석, 생산성 목표 설정 및 실적 분석 등 전반적인 기술지원본부의 운영 방안을 결정하고 정책을 수립하는 업무를 수행한다.

b. 기술 부문

항공기, 원동기^{Engine} 및 부문품^{Component} 기술지원 방식을 수립하고 지시함과 동시에 현장 부서에서의 기술지원 수행을 위한 워드카드^{Word Card} 제정 등 각종 기술개발에 관하여 검토 및 연구하는 업무를 수행하고 있다.

c. 품질 보증 부문

항공기 수행 작업 결과 모니터링, 사고·지연·결항의 원인조사 및 방지 대책 수립 등을 통한 품질보증^{Quality assurance} 신뢰성 관리 업무와 함께, 항공기 감항검사^{Airworthiness} 관련 대관 업무를 담당한다.

d. 훈련 부문

항공기 기술수행 업무를 지원하기 위하여 기술 자격 취득을 위한 교육훈련의 운영 방침 및 기준을 수립하고, 현장 작업자의 기술교육을 실시하는 등 기술지원 부분의 교육훈련 제도를 연구하고 개발한다.

② 생산기술직

항공기부품 생산 및 군용기 정비를 위한 관리, 기술지원 품질 등의 직무를 담당한다.

a. 관리 부문

민항기 부품 생산과 군용기 정비를 위한 장단기 사업 계획 및 영업, 사업 집행 관리, 세부 생산 계획을 수립한다. 또한 진척 관리, 인적자원 관리, 보급 관리 등 전반적인 생산 및 자원(Resource, 인력, 기기, 자재, 체계)을 운영·관리·수행하는 업무를 한다.

b. 기술 부문

민항기 부품 생산과 군용기 정비에 있어서 기술 방식을 수립 및 지시하며, 현장 부서에서의 기술지원 업무를 지원하기 위한 작업 공정서를 작성하고 개정한다. 또한 신규 공정을 개발 및 설계하고, 기술 변경에 따른 협상 관리, 각종 기술개발에 관련한 검토 및 연구 업무를 수행한다.

c. 품질 부문

품질 계약 조건, 고객 요구 사항, 품질경영시스템 요구 사항 등을 검토하여 품질검사시스템을 계획하고 품질 계획서를 작성한다. 항공기 부품 생산 및 군용기 정비 수행 결과를 모니터링하고, 품질결함의 원인조사 및 방지 대책 수립 등을 통하여 품질보증과 품질개선 업무를 수행하고 있다.

객실승무직

항공사 서비스의 최일선인 기내에서 근무하는 직무로서 국내와 국제 노선에 탑승하여 객실의 안전 및 쾌적 유지와 서비스 제공을 주업무로 한다.

a. 운항 전 필요한 사항 확인

운항 전 필요한 사항을 확인하며, 객실 내 비상장구, 의료장구 및 기타 부품을 점검한다.

b. 운항 전후 안전 및 보안 점검 실시

운항 전후 기내 안전 및 보안 점검을 실시, 보고하며 기장이 지시하는 관련 업무를 수행한다.

c. 객실 수화물 및 우편물 탑재 상황을 파악

객실 수화물 및 우편물 탑재 상황을 철저히 파악하고 승객에게 안전 수칙에 관한 정보 제공을 실시한다.

d. 객실 내 승객에게 편안한 서비스 제공

기내 방송, 좌석 안내, 식음료 제공, 입국 관련 서류 점검, 기내 면세품 판매 등 객실 내 승객에게 편안한 서비스를 제공하는 전반적인 업무를 수행한다.

일반직

본사 또는 국내외 지점의 다양한 직무의 분야에서 근무한다.

a. 여객 영업

항공협정, 상무협정, 항공사 간 제휴 등을 통해 신시장을 개척하거나 노선 운영에 대한 기본적 전략을 수립하고, 이에 따른 지역별 마케팅을 수립하여 국내외 지점에서의 영업 활동을 지원하는 업무를 한다.

b. 여객 예약·발권·판매(콜센터직)

국내외 각 지점에서의 항공편에 대한 예약접수 및 항공여행 관련 종합 서비스를 제공한다. 또한, 여행사에 대한 판매지원 등 대고객 서비스 업무와 노선 운영 및 마케팅 전략 수립에 대한 정보와 서비스를 제공하는 업무를 수행한다. 주요 업무로는 국내외 항공편의 예약 관련 업무, 직영 호텔 등의 부대여정 접수 및 부대 서비스의 요청, 운임 안내, 항공기 운항정보, 고객 컴플레인 응대 등을 최접점에서 전화라는 매개수단으로 수행하게 된다.

c. 여객 운송(공항 근무직)

국내외 공항에서 항공기 보딩Boarding을 위한 탑승수속, 수하물 관련 업무 등 대고객 서비스 업무와 여객운송 서비스 향상을 위한 전략을 수립하고 집행한다.

d. 화물 영업

화물기 노선운영, 신상품 개발, 마케팅 계획 등 화물사업 전반에 관한 전략 수립 및 영업 활동을 지원하는 업무를 한다.

e. 화물 예약·판매

국내외 각 지점에 대한 화물 예약 접수, 항공 화물 대리점에 대한 판매 업무 및 업계와 시장의 동향 등 노선 운영과 마케팅 전략 수립에 필요한 정보를 제공하는 업무를 수행한다.

f. 화물 운송

국내외 공항에서 화물 수송을 위한 조업사 관리, 특수 화물 수송, 탑재관리^{Load control}등 제반 서비스 업무와 함께 화물 운송 서비스 향상 전략을 수립, 집행하는 업무를 한다.

g. 전략 지원 부서

기획, 인사, 국제업무, 법무, 노무, 회계, 스카이팀, 국제금융 등 전사적인 차원에서의 정책을 수립하고 각 본부를 지원하는 업무를 수행한다.

h. 운항 관리

종합 통제 센터와 국내외 공항에서 운항정보(취항 공항 현황, 기상자료) 등을 수집·분석하여 항공기 운항 여부를 결정하고, 비행 계획(운항 항로, 고도, 비행시간, 탑재 연료)을 수립하여 조종사에게 제공한다. 또한, 안전운항을 위해 비행 중인 항공기를 모니터링하면서 실시간 정보를 제공하는 업무를 수행한다.

운항승무직

기내 안전의 책임자로서 항공기 운항을 책임지며 항공기 조종사로서의 업무를 수행한다.

관련 자료 찾아보기 ㉑
검색 키워드, '조중훈 경영철학'

　'조중훈 경영철학'을 키워드로 관련 내용들을 정리해보시기 바랍니다. 설립자의 스토리인 만큼 대한항공이 지난 반세기 동안 걸어온 길을 되짚으면 자연스럽게 내용을 이해하는 데 도움이 될 것입니다. 또한 '대한항공의 역사'를 검색해서 비즈니스가 전개되는 과정을 살펴봅시다. 사업 초기와 현재 기준으로 비행기 보유 대수, 취항 도시 수, 여객 및 화물 수송량 등의 수치 정도는 꼭 암기해두어야 합니다. 그리고 기내식은 어떻게 변해왔는지도 살펴보면서 기내 서비스에 대한 이해도를 높이기 바랍니다.

관련 자료 찾아보기 ㉒
검색 키워드, '기내면세점 운영'

　'기내면세점 운영'을 키워드로 관련 자료들을 탐색해보시기 바랍니다. 호텔신라의 경우 2015년 3월 미국 기내면세점 업체 '디패스DFASS'의 지분 44%를 1억 달러에 인수하면서 전략적 제휴를 맺습니다. 대한항공의 최신 기종 A380 기내 1층 후방에는 책자가 아닌 실제 면세품 디스플레이 매장이 설치되어 있습니다. 이처럼 기내면세점 부문은 항공사뿐만 아니라 여타 면세점 사업자들의 관심이 높은 영역이므로 객실승무원 직군이 아니더라도 시장 규모, 운영 방식, 영업 아이디어 등에 대해 미리 살펴두시기 바랍니다.